Anja Oberländer/Gaby Kunde/Dagmar Dörger

D1997180

„Unsere Klasse ist ein Team!"

Unterrichtsmaterialien zum Sozialen Lernen mit thematischen Übungen und Spielen für die Sekundarstufe I

Auer

Gedruckt auf umweltbewusst gefertigtem, chlorfrei gebleichtem
und alterungsbeständigem Papier.

6. Auflage 2018
Nach den seit 2006 amtlich gültigen Regelungen der Rechtschreibung

Illustrationen: Martina Mahle
Satz: Fotosatz H. Buck, Kumhausen
Druck und Bindung: Esser printSolutions GmbH
ISBN 978-3-403-**04122**-1

Inhalt

Spiele und Übungsformen im Überblick

Bewegte Spiele

Wilde Spiele

Spiele für draußen

Massagegeschichte

Vorwort

Die Fachhochschule Erfurt bietet im Studiengang Sozialwesen den Studierenden die Möglichkeit, als kreative Methode u. a. den Bereich der Spiel- und Theaterpädagogik zu studieren. Dabei sollen die Studierenden befähigt werden, Formen von Spiel und Theater in unterschiedlichen Arbeitsfeldern einzusetzen.
Da wir in Projekten und mit unserer Improvisationstheatergruppe aber immer nur punktuell in Schulen arbeiten, entwickelte sich unser Wunsch nach Kontinuität und Evaluierung unserer Methoden.
Es war mir dann möglich, im Rahmen eines Forschungsschwerpunktes „Spiel- und theaterpädagogische Methoden für die Soziale Arbeit" des Fachbereiches ein Forschungsprojekt zwei Jahre lang durchzuführen. Als Professorin hatte ich die Projektleitung und die wissenschaftliche Begleitung; für die konkret zu leistende Arbeit konnte ich zwei hervorragende Absolventinnen mit intensiven Spiel- und Theatererfahrungen gewinnen, die gezielt Wirksamkeit und Differenzierung von spiel- und theaterpädagogischen Formen zur zielgerichteten Nutzung für die (Schul-)Sozialarbeit untersuchen und evaluieren konnten.
Ein Ergebnis ist das hier vorliegende Buch, das die Erfahrungen beim Training sozialer und emotionaler Kompetenzen mit spiel- und theaterpädagogischen Methoden zusammenfasst und Lehrern* als Anregung vorlegt.

Dagmar Dörger

* Aus Gründen der Lesefreundlichkeit wurde ausschließlich die männliche Form verwendet.

Einführung

1. Wie dieses Buch entstand

Unsere eigenen, langjährigen (Theater-)Spiel- und Workshoperfahrungen haben uns gezeigt, dass Spiel und Theater wirkungsvolle Formen beinhalten, um mit Kindern und Jugendlichen in Interaktion zu treten und schnell mit ihnen in Kontakt zu kommen. Als Sozialpädagoginnen haben wir spiel- und theaterpädagogische Methoden häufig genutzt, um mit den unterschiedlichsten Zielgruppen zu arbeiten. Vor diesem Hintergrund waren wir gerne bereit, uns auf das Abenteuer des Projektes einzulassen.

Im Rahmen dieses Forschungsprojektes ging es uns darum, die Wirksamkeit spiel- und theaterpädagogischer Methoden hinsichtlich emotionaler und sozialer Kompetenzstärkung zu untersuchen. Über zwei Jahre hinweg haben wir wöchentlich mit 5. bzw. 6. Klassen in jeweils 2 Unterrichtsstunden an vier verschiedenen Thüringer Regelschulen gearbeitet.
Die wissenschaftliche Auswertung unserer Arbeit erfolgte anhand von Beobachtungsprotokollen der jeweiligen Spieleinheiten, durch Fragebögen für die teilnehmenden Schüler und Lehrer, als auch durch entsprechende Vergleichsgruppen vor Beginn und nach Abschluss des Projektes. Die Forschungsergebnisse, die nicht Bestandteil dieses Buches sein können, werden nach ihrer Auswertung auf der Hompage der *FH Erfurt* zu finden sein.
Einige Ergebnisse seien hier nur beispielhaft genannt: Die Schüler der Projektklassen schätzten das Klassenklima insgesamt positiver ein als zu Projektbeginn, mehr als die Hälfte waren der Meinung, etwas, das sie im Projekt gelernt haben, im Alltag oder in der Schule gebrauchen zu können. Besonders häufig wurde hier die **Ruhephase** genannt. Laut Einschätzung der befragten Lehrer ging zudem aggressives Verhalten der Schüler deutlich zurück. Auffällig ist auch, dass sich die Mädchen während des Kurses zunehmend besser behaupten konnten. Außerdem gaben viele Mädchen und Jungen in der Auswertung an, nun besser mit dem anderen Geschlecht auszukommen, was sich wiederum positiv auf das Klassenklima auswirkte.

2. Der Aufbau des Buchs

Dieses Buch soll als Anregung dienen und ermutigen, spiel- und theaterpädagogische Methoden gezielt im Unterricht einzusetzen.
An den Anfang des Buchs haben wir Erläuterungen zur Stundenstruktur gesetzt. Es bietet sich an, diese Struktur beizubehalten, um den Kindern und Jugendlichen eine Orientierung zu geben. Ähnlich dem Ablauf einer Unterrichtseinheit (90 min) folgen dann Spiele zum Einstimmen und zum Abschluss einer Stunde sowie Anregungen für die Ruhephase. Breiten Raum nehmen die Bausteine der Arbeitsphase ein, welche einzelnen Themenkomplexen zugeordnet sind. Diese Einheiten können als geschlossener Kurs innerhalb eines Schuljahres oder auch einzeln, zur Auseinandersetzung mit einem bestimmten Thema verwendet werden. Zum Schluss weisen wir auf Möglichkeiten zur Auswertung der Unterrichtseinheiten hin.
Die Themen der Arbeitsphase bauen aufeinander auf. So stehen zu Beginn drei Spieleinheiten mit Spielen zum gegenseitigen **Kennenlernen**. Spielerisch können sich die Schüler untereinander, aber auch dem Leiter in diesen Stunden näherkommen.
Im zweiten Themenkomplex setzen sich die Schüler mit dem Thema **Gefühle** auseinander. Es geht darum, sich der Vielfalt der eigenen Gefühle bewusst zu werden, sich nonverbal und ver-

bal ausdrücken zu lernen und Gefühle bei anderen zu erkennen. Dies geschieht wiederum durch Einzel- und Gruppenarbeiten sowie durch szenisches Gestalten.
Den Abschluss dieses Komplexes bildet eine selbst gestaltete „Fernsehsendung" zum Thema Gefühle.
Im folgenden Themenkomplex geht es um die eigenen **Stärken** und um die eines guten Teams. Die Schüler erhalten beispielsweise die Möglichkeit, in Einzelarbeit ein Wappen mit ihren Stärken zu gestalten, und stellen dieses dann der Klasse vor. So werden sie sich ihrer eigenen Stärken bewusst und erhalten Anerkennung von ihren Mitschülern. In Teamarbeit präsentieren sie anschließend die Stärken ihrer Arbeitsgruppe.
Uns war es möglich, eine Zeit lang mit den Mädchen und Jungen einer Klasse getrennt zu arbeiten. Einige der **geschlechtsspezifischen Spiele** sind im *Themenkomplex 4* aufgeführt.
Um **Kooperation** geht es in den nächsten drei Unterrichtseinheiten. In kleinen Arbeitsgruppen basteln und malen die Kinder z. B. ein eigenes „Familienwappen" und erfinden eine eigene Ahnengeschichte.
Im letzten thematischen Baustein setzen sich die Kinder und Jugendlichen mit dem Thema **Konflikte** auseinander. Anhand von Bildgeschichten, Rollenspielen und einer Talkshow reflektieren die Schüler ihr Verhalten in Konfliktsituationen und üben gewaltfreie Konfliktlösungsmöglichkeiten. Diese Übungen stellen den Beginn eines langjährigen Trainings dar. Mit Rücksicht auf den Umfang dieses Buches haben wir hier nur unsere eigene Übungsidee beschrieben. Wir möchten an dieser Stelle auf die bereits zahlreich erschienenen Publikationen zu dieser Thematik und unsere Hinweise am Buchende verweisen.
Ein Kurs sollte mit einem Abschlussprojekt beendet werden. Dabei geht es vor allem darum, die im Projekt gemachten Erfahrungen zu nutzen. Die Klasse oder Gruppe könnte beispielsweise selbstständig ihre (Klassen-)Fahrt organisieren, einen Ausflug planen oder einen Elternabend mit selbst entworfenen Szenen anreichern. Den Ideen sind hier keine Grenzen gesetzt, sie sind abhängig von den Wünschen und Interessen Ihrer Klasse oder Gruppe. Alle Möglichkeiten zu erläutern, würde hier den Rahmen sprengen. Einige Anregungen finden Sie in unseren Literaturempfehlungen.

Alle Spiele und Übungen wurden mit Schülern der 5. und 6. Klasse im Unterricht erprobt.
Das Buch ist so angelegt, dass je nach Art der Klasse oder Gruppe die passenden Übungen und Spiele zusammengestellt und die Einheiten den Fähigkeiten und Interessen Ihrer Gruppe oder Klasse angepasst werden können.

Die einzelnen Spiele und Übungen sind mit folgenden Symbolen zur Bewegungsintensität gekennzeichnet:

Ruhige Spiele

Bewegte Spiele

Wilde Spiele

Spiele für draußen

Abkürzungsverzeichnis:

SpL = Spielleiter
Sp = Spieler
AB = Arbeitsblatt

Die Stundenstruktur

Um den Kindern eine Orientierung zu bieten, sollten die Projektstunden immer die gleiche Struktur aufweisen. Bei der Erarbeitung dieser Stundenstruktur haben wir uns stark am Trainingsprogramm von Petermann et al. orientiert.[1]

Stundenbeginn

Die einzelnen Stundenabschnitte werden zu Beginn jeder Stunde an der Tafel verdeutlicht, indem das entsprechende Logo angebracht wird. Es gibt dann kurze Hinweise über den jeweiligen Inhalt.
Die Rückbesinnung (ca. 5 Min.) dient dazu, die vorangegangene Stunde mit dem jeweiligen Thema noch einmal in Erinnerung zu rufen, da oft an den Erfahrungen angeknüpft wird. Anmerkungen und Rückfragen der Schüler werden gemeinsam geklärt.
Wir haben uns dann Zeit genommen, die Schüler nach besonderen Klassenereignissen oder Dingen, die sie in der vergangenen Woche bewegt haben, zu fragen, um evtl. darauf eingehen zu können.

Einstimmen

Die Schüler können sich beim Einstimmen (ca.10 Min.) für ein neues oder ein bereits bekanntes Spiel entscheiden. Dieses Spiel dient dazu, eine positive Atmosphäre zu schaffen, den Kindern Bewegung zu ermöglichen und sie offen für Neues zu machen. Das Spiel muss nicht unmittelbar mit dem Arbeitsthema in Zusammenhang stehen.

Ruhephase

Ziel der Ruhephase (ca. 10 Min.) ist vorrangig Stressabbau und die Vorbereitung auf die Arbeitsphase. Je nach eigener oder individueller Einschätzung der Schüler kann Ruhephase und Einstimmungsspiel vertauscht werden.
Beginnt man mit Ruhephasen, Entspannungsübungen, Traumreisen oder Massagegeschichten erst in der 5. Klasse, benötigt man etwas Geduld, bis die Schüler sich tatsächlich darauf einlassen (können). Es hilft, wenn man zunächst mit einer Ruhezeit von ca. 1 Min. beginnt und diese später mit weiteren Entspannungsübungen ausbaut. Im Projektverlauf hat sich gezeigt, dass die Schüler die Ruhephase als besonders positiv erlebt haben. Häufig wurde der Wunsch geäußert, sie beizubehalten und auch in anderen Stunden durchzuführen.

1 Petermann, Franz et al.: Sozialtraining in der Schule. Materialien für die klinische Praxis. Weinheim 2. überarb. Aufl. 1999.

Arbeitsphase

Vor Beginn der Arbeitsphase wird den Schüler eine Klassenregel vorgeschlagen. Der Inhalt (Sinn) der Regel wird gemeinsam mit der Klasse erläutert (diskutiert). Die Regel kann mit dem Arbeitsthema in Zusammenhang stehen oder den Bedürfnissen der Klasse angepasst sein. Eine neue Regel wird erst eingeführt, wenn die bestehende Regel eingehalten wird.

Beispiele für Regeln sind:
- Ich beteilige mich
- Ich lasse die anderen ausreden
- Ich lache niemanden aus
- Ich höre zu, was der bzw. die andere sagt u. a.

Durch ein kurzes szenisches Rollenspiel haben wir in das jeweilige Arbeitsthema eingeführt. Auch wenn man allein ist, kann dies durchaus möglich sein, indem man sich kurz vor Beginn der Stunde mit einem Schüler abspricht und dann mit ihm gemeinsam etwas (vor-)spielt. Die kleinen Szenen wirken erfahrungsgemäß sehr anregend und machen gespannt auf das Arbeitsthema.

In der Arbeitsphase (ca. 45 Min.) setzen sich die Schüler mit einer bestimmten Thematik auseinander. Die Bearbeitung eines Themenkomplexes erfolgt in der Regel in Kleingruppen. Dabei stehen spiel- und theaterpädagogische Methoden (wie Rollenspiel, darstellendes Spiel, Statuentheater, Interaktions- und Kommunikationsspiele, wie z. B. Vertrauens-, Wahrnehmungs-, Kooperationsspiele) im Vordergrund. Aber auch eine Vielzahl anderer Methoden, wie Gesprächskreise, kreatives Gestalten und das Arbeiten mit Arbeitsblättern, finden ihre Anwendung.
Die Arbeitsergebnisse und -erkenntnisse werden am Ende der Arbeitsphase, je nach Arbeitsauftrag, der ganzen Klasse präsentiert oder im Stuhlkreis mitgeteilt und besprochen.

Auswertung

Die Auswertung bzw. das Feedback (ca.15 Min.) schließt sich an die Arbeitsphase an. Sie dient der gemeinsamen Reflexion und gibt den Schülern Raum, ihr Befinden und ihre Gedanken zur erlebten Stunde zu äußern. Mithilfe von Smiley-Symbolen ☺ 😐 ☹ gibt jeder Schüler eine Einschätzung, die sich zum einen auf die persönliche Einhaltung der Regel, auf die Arbeit in der jeweiligen Kleingruppe sowie auf das Gefühl, welches er in der Stunde hatte, bezieht.
An dieser Feedback-Runde sollten sich die Spielleiter unbedingt beteiligen. Neben Kritik ist hier auch Platz für positive Bestärkung, welches uns gerade für schwierige und lernschwache Schüler sehr wichtig erscheint und motivierend wirkt.

Abschlussspiel

Die Stunde wird mit einem gemeinsamen Abschlussspiel (ca. 5 Min.) beendet, welches nicht im direkten Zusammenhang mit dem Stundenthema stehen muss. Es dient dem positiven Ausklang der Stunde und hat, je nach Situation oder Anforderungen der vorangegangenen Arbeitsphase, entspannenden oder lebendigen Charakter.

Vergessen Sie nicht, Zeit für das Einräumen des Klassenraumes zu berechnen.

Spiel und Theater als Methode für das Soziale Lernen[2]

„Im darstellenden Spiel werden die körperlichen und sprachlichen Ausdrucksmöglichkeiten ebenso angesprochen wie der Gefühlsbereich, die Spontaneität und Fantasie der Spieler. In der Begegnung mit anderen, im gemeinsamen Spiel werden soziale Kontakte ausgelöst und gefestigt."[3]

Vielen Kindern und Jugendlichen fällt es aufgrund der veränderten Sozialisationsbedingungen („Ein-Kind-Familien", Alleinerziehende, „Patchworkfamilien") schwer, positive Kontakte zu anderen aufzunehmen, sich in Gruppen einzufügen, aufeinander zuzugehen, sich zurückzunehmen und Konflikte konstruktiv auszutragen.
Spiele und Interaktionsübungen können helfen, diese sozialen Lerndefizite auszugleichen und korrigierende soziale und emotionale Erfahrungen zu vermitteln. Es sind zahlreiche pädagogische Konzepte entwickelt worden, leider kommen sie jedoch viel zu selten zur Anwendung. Insofern sind spiel- und theaterpädagogische Methoden keine neuen, aber neu zu entdeckende Methoden für die Arbeit mit Kindern und Jugendlichen, gerade im Schulbereich.
Wenn Kinder und Jugendliche gewalttätig werden und Grenzen überschreiten, fehlt ihnen oft das Gespür für die Gefühle anderer, besonders aber der Zugang zu den eigenen Gefühlen. Spiel- und theaterpädagogische Ansätze ermöglichen es, das Wahrnehmen, Ernstnehmen, Zulassen und Ausdrücken von Gefühlen auf spielerische Weise zu erlernen. Eine derartige Stärkung der Selbstwahrnehmung, das Wissen um die eigenen Stärken und die Akzeptanz der Stärken, aber auch der Schwächen bildet die Basis für die Wahrnehmung der Gefühle, Stärken und Schwächen anderer und ist damit Grundlage für Empathie und soziales Verhalten in Gruppen.
Neben den Inhalten vermitteln Spiele auch Spaß – ein unserer Meinung nach nicht zu unterschätzender Faktor am oft mit Frust, Unlust und Angst besetzten Lernort Schule. Damit sind Spiele über die Kompetenzerweiterung des Einzelnen hinaus auch für das Klassen-, Schul- und Lernklima durchaus von Bedeutung und können dies positiv beeinflussen.

Erfahrungsgemäß bieten gemeinsame Spielerlebnisse auch eine gute Möglichkeit, miteinander ins Gespräch zu kommen, wodurch die Verständigung in der Gruppe verbessert wird und die Beziehungen untereinander gestärkt werden.

Widerstände, Überraschungen, Erfolge – unsere eigenen Erfahrungen

Unsere Erfahrungen haben gezeigt, dass die Durchführung von Spielen im Unterricht durchaus möglich ist und dem Bewegungsdrang der Kinder entgegenkommt, ohne jedoch aus dem schulischen Rahmen fallen zu müssen. Allerdings sollten Sie sich mitunter auf einen anderen Lärmpegel als im Unterricht einstellen. Dafür kann es manchmal sehr hilfreich sein, ein solches Projekt in einen anderen Raum zu verlegen, damit Sie den Unterricht anderer Klassen nicht stören.

2 Eine ausführliche theoretische Auseinandersetzung mit der Problematik des Sozialen Lernens finden Sie im Nachwort.
3 Thiesen, Peter: Drauflosspieltheater. Ein Spiel- und Ideenbuch für Kindergruppe, Schule und Familie. Mit über 350 Spielanregungen. Weinheim und Basel 2000, S. 11.

Ist für die Gruppe die offene Arbeitsform neu, wird es immer Schüler geben, die damit zunächst Schwierigkeiten haben und dies zeigen, indem sie erst einmal über die Stränge schlagen und Grenzen überschreiten. Unsere ersten Stunden versanken von außen gesehen wohl auch im Chaos. Um so wichtiger ist dann aber das Festhalten an der Unterrichtsstruktur, denn sie vermittelt Sicherheit und Orientierung für die Schüler, aber auch für Sie. Sie können darauf vertrauen, dass ein Großteil der Schüler recht schnell merkt, dass die Spiele und Übungen dann effektvoller sind und ihnen vor allem mehr Spaß machen, wenn sie sich an die vorgegebenen Regeln halten. Häufig ermahnen sich die Schüler dann untereinander oder spornen sich an, um zu guten Arbeitsergebnissen zu kommen. Oft ist diese Art der Selbstreglementierung wirksamer als Ihre Ermahnungen.
Natürlich trifft ein Projekt wie dieses nicht bei allen Schülern sofort auf uneingeschränkte Zustimmung. Spiele werden boykottiert, Spielregeln absichtlich verletzt, einige Teilnehmer halten sich betont dem Geschehen fern, Sie werden persönlich angegriffen. Es ist nicht leicht, in solchen Situationen einen kühlen Kopf zu bewahren und bedacht zu reagieren. Hierfür gibt es leider kein Patentrezept.
In solchen Situationen haben wir jedoch gute Erfahrungen damit gemacht, schwierigen Schülern gesonderte Aufgaben und Verantwortungen zu übertragen. All unsere Fotos, die auch in den jeweiligen Klassenräumen aushingen, stammen übrigens von diesen Schülern. Durch die Linse der Kamera waren sie am Geschehen in der Klasse beteiligt und konnten sich dennoch zurückhalten – manch einem war es daraufhin möglich, sich langsam zu öffnen und sich irgendwann an den Projektstunden zu beteiligen. Zu manchen Schülern haben wir erst am Ende des Projektes, zu manchen jedoch nie, Zugang gefunden.
Eine weitere Methode, schwierige Schüler trotzdem in irgendeiner Weise teilhaben zu lassen, ist die Aufgabe, sie die Stunde und deren Geschehnisse protokollieren zu lassen. Sie können dafür auch einen Protokollbogen mit bestimmten Beobachtungsfragen vorbereiten. In der Auswertungsrunde können diese Beobachtungen sehr gut einbezogen werden und erhalten damit einen besonderen Stellenwert.
Uns ist bewusst, dass wir unsere Projekterfahrungen unter sehr guten Bedingungen machen konnten. Jede Stunde haben wir zu zweit vorbereitet und durchgeführt. Dadurch wurde es möglich, sich in bestimmten Situationen einzelnen Schülern gezielt zuzuwenden und eine entspannte Atmosphäre zu schaffen. Gerade diese Chance hat uns oft zu einem neuen und nicht selten positiveren Bild dem einen oder anderen Teilnehmer gegenüber verholfen.
Wenn Sie also die Möglichkeit haben, ein solches Projekt in Partnerschaft mit einem Kollegen, einem Schulsozialpädagogen oder engagierten (Sozial-)Pädagogikstudenten durchzuführen, können wir Ihnen nur raten, diese Chance zu nutzen.
Allen eventuellen Schwierigkeiten und Bedenken zum Trotz: Wagen Sie es!
Mühe, Ausdauer und Augenblicke, in denen Ihnen sozusagen die Nackenhaare zu Berge stehen, werden mit vielen positiven Überraschungen und nahezu magischen Momenten belohnt. So haben Projekte dieser Art nicht nur einen positiven Einfluss auf das Klassenklima und erweitern die Kompetenzen Ihrer Schüler, auch das Verhältnis der Klasse zu Ihnen bekommt eine neue Qualität, die von Vertrauen geprägt ist.

Arbeitsphase

Themenkomplex 1
Einander kennenlernen

Unsere Erfahrungen haben gezeigt, dass sich Kinder einer Klasse untereinander kaum kennen bzw. wenig voneinander wissen.
Deshalb erscheint es uns wichtig, die Kontaktaufnahme unter den Schülern einer neuen Klasse zu erleichtern. Die Kinder haben dadurch die Möglichkeit, sich mit den Namen und den Mitschülern vertraut zu machen. Dies verhilft ihnen zu einer leichteren Orientierung in der neuen Gruppe und der neuen Umgebung und ist die Voraussetzung für ein respektvolles Miteinander in der Zukunft.
Im *Themenkomplex 1* stehen daher vor allem Spiele und Übungen im Vordergrund, in denen die Schüler etwas voneinander erfahren und sich spielerisch kennenlernen können.
Alle drei Unterrichtseinheiten beginnen mit Namensspielen, die vor allem dann hilfreich sind, wenn sich die Klasse neu zusammengefunden hat, wenn ein Schüler neu ist bzw. Sie als Lehrkraft neu in die Klasse kommen. Namensspiele eignen sich an dieser Stelle auch gut als Einstimmungsspiele, also bevor Sie mit der eigentlichen Arbeitsphase beginnen.
Sollten Sie selbst fremd bzw. neu in dieser Gruppe sein, dient der erste Themenkomplex auch dazu, dass die Schüler die Möglichkeit haben, Sie kennenzulernen und etwas von Ihnen zu erfahren. Wichtig ist deshalb, dass Sie sich so weit wie möglich an den Spielen beteiligen.

Außerdem sollte in der ersten Stunde das Anliegen des Projektes im Vordergrund stehen. Die Schüler werden mit dem Ablauf der Projektstunden vertraut gemacht.

1. Unterrichtseinheit

Wir beschnuppern uns

Wer ist ...?

Ein spannendes Namen-Ratespiel

Arbeitsform

Stuhlkreis

Dauer

ca. 25 Min.

Material

- Namenskärtchen
- Kreppklebeband
- ggf. farbige Stifte, farbiges Papier und Klebstoff

Ablauf

Für jeden Sp ist ein Namensschild vorbereitet. Die Karten liegen verdeckt in der Mitte des Kreises. Der erste Sp zieht eine Karte und erzählt, was er von der Person weiß (Hobby, Lieblingsfarbe, Geschwister usw.). Die anderen in der Gruppe versuchen zu erraten, wer auf dem Kärtchen steht. Ist die Person erraten, kann sie ihr Namensschild entgegennehmen und es sich mit einem Klebekreppstreifen an der Kleidung fixieren. Nun zieht sie die nächste Karte. Zieht jemand seinen eigenen Namen, legt er die Karte zurück und zieht noch einmal.

Man kann die Übung erweitern, indem die Sp selbst die Namensschilder anfertigen und gestalten. Bereiten Sie dazu kleine Lose vor, auf denen jeweils ein Name steht. Jeder Sp zieht einen Namen und gestaltet für diese Person ein Namensschild. Wenn „verdeckt" gearbeitet wird, kann die oben beschriebene Rateaktion anschließen.

Sollten keine Namensschilder benötigt werden, kann man das Rateprinzip trotzdem übernehmen, ohne anschließend die Namensschilder anzukleben.

Autogramme

Erste Gemeinsamkeiten entdecken

Arbeitsform

Gesamtgruppe

Dauer

ca. 20 Min.

Material

AB: Autogramme
siehe Kopiervorlage (S. 18)

Ablauf

Jeder Sp erhält ein Arbeitsblatt. Die Aufgabe besteht darin, Unterschriften zu sammeln. Für jede Gemeinsamkeit darf eine Unterschrift ergänzt werden. Keiner darf auf einem Blatt zweimal unterschreiben. Anschließend wird die Autogrammsuche im Stuhlkreis ausgewertet:

- *Wie hat euch die Übung gefallen?*
- *Habt ihr zu jeder Frage jemanden gefunden?*
- *Bei welcher Frage war es besonders schwer?*
- *Wie war es mit der Frage zum näheren Kennenlernen?*
- *Wie hat der andere Sp reagiert? (evtl. Angst vor Zurückweisung oder sich lächerlich zu machen)*

Beteiligen Sie sich, und sammeln Sie ebenfalls Autogramme.

Idee von Christina Großmann: Projekt Soziales Lernen

Autogramme

Name: ______________________________

Jemand aus meiner Klasse mit dem gleichen Anfangsbuchstaben des Vornamens:

____

Mein Musikgeschmack ist ______________________________
Jemand aus meiner Klasse mit dem gleichen Musikgeschmack wie ich:

____

Mein Lieblingsessen ist ______________________________
Jemand aus meiner Klasse mit dem gleichen Lieblingsessen wie ich:

____

Mein Hobby ist ______________________________
Jemand aus meiner Klasse mit dem gleichen Hobby wie ich:

____

Meine Lieblingsfarbe ist ______________________________
Jemand aus meiner Klasse mit der gleichen Lieblingsfarbe wie ich:

____

Eine Sportart, die ich mag, ist______________________________
Jemand aus meiner Klasse, der die gleiche Sportart mag wie ich:

____

Meine Augenfarbe ist ______________________________
Jemand aus meiner Klasse mit der gleichen Augenfarbe wie ich:

____

Jemand aus meiner Klasse, den ich besser kennenlernen möchte:

____

Mein Lieblingsfach ist ______________________________
Jemand aus meiner Klasse, der das gleiche Lieblingsfach hat wie ich:

____

Ich wohne in ______________________________
Jemand aus meiner Klasse, der ganz in meiner Nähe wohnt:

____

2. Unterrichtseinheit

Das bin ich, wer bist du?

Namensgesten

Zu jedem Namen gehört auch eine Geste

Arbeitsform

Kreis

Dauer

ca. 10 Min.

Material

nicht notwendig

Ablauf

Der erste Sp tritt in den Kreis und nennt seinen Namen mit einer Geste bzw. Bewegung. Anschließend tritt die gesamte Gruppe gleichzeitig in den Kreis, nennt den Namen und macht die Geste nach. Das Spiel geht reihum, bis alle Sp ihren Namen genannt haben und von den anderen nachgemacht wurden.

Variante: Nacheinander wiederholt jeder Sp den Namen.

Innerhalb dieses Themenkomplexes eignet sich dieses Spiel auch sehr gut als Einstimmungsspiel.

Tanz der Atome

In kleinen Gruppen Infos austauschen

Arbeitsform

wechselnde Kleingruppen

Dauer

ca. 15 Min.

Material

Musik

Ablauf

Es bewegen sich alle zur Musik im Raum. Bei Musikstopp verharren alle sofort in ihrer Bewegung (einfrieren). Der SpL nennt eine Aufgabe. Wenn die Aufgabe gelöst ist, geht erneut die Musik an, und alle bewegen sich durch den Raum bis zum nächsten Musikstopp und der dazugehörigen Aufgabe. Die Aufgaben könnten wie folgt lauten:

- Kommt zu zweit zusammen, und jeder nennt 3 Dinge, die er am anderen nicht mag.
- Kommt zu viert zusammen, und sagt euch, was ihr am liebsten am Wochenende macht.
- Kommt zu dritt zusammen, und nennt euren Lieblingsfilm.
- Kommt zu fünft zusammen, und sagt, was ihr euch wünschen würdet, wenn ihr einen Wunsch frei hättet.
- Kommt zu dritt zusammen, und nennt einen Ort, an dem ihr euch sehr wohlfühlt.
- Kommt zu viert zusammen, und sagt euch, was ihr gerne werden möchtet.

Die Fragen lassen sich beliebig verändern und ergänzen. Achten Sie bei der Atombildung auf die Anzahl der Gesamtschüler, damit bei der Gruppenbildung niemand übrig bleibt. Es ist auch möglich, zu sagen: „Kommt zu dritt oder zu viert zusammen."
Wählen Sie Musik, die zum Bewegen und Tanzen animiert. Dabei ist es hilfreich, den Musikgeschmack der Sp (z. B. aktuelle Diskomusik) zu berücksichtigen. Innerhalb dieses Themenkomplexes eignet sich dieses Spiel auch sehr gut als Einstimmungsspiel.

Personenpuzzle

Die Mitschüler richtig einschätzen

Arbeitsform

Kleingruppen

Dauer

ca. 20 Min.

Material

- (Kartei-)Karten in vier unterschiedlichen Farben
- pro Kleingruppe Klebstoff, einen Filzstift und ein Blatt Papier DIN A3

Ablauf

Die Gruppe teilt sich in Kleingruppen zu je vier Sp auf. Jede Gruppe erhält von jeder Farbe vier Zettel.
Die Sp haben die Aufgabe, sich über ihre Hobbys, Lieblingstiere und Lieblingsfarben auszutauschen und die Ergebnisse wie folgt aufzuschreiben:

- auf die grünen Karten jeweils ihren Namen,
- auf die roten jeweils ihr Hobby,
- auf die blauen ihr Lieblingstier
- auf die gelben ihre Lieblingsfarbe.

Wichtig ist dabei, dass in der Gruppe jeweils eine Person alle Namen schreibt, eine zweite alle Hobbys usw.
Anschließend werden die Karten gemischt und bleiben an dem jeweiligen Platz liegen.
Jede Gruppe geht einen Platz weiter. Nun sollen die vorliegenden Karten so sortiert werden, dass zu jedem Namen das jeweilige Hobby, das Lieblingstier und die Lieblingsfarbe zugeordnet wird. Ist sich die Gruppe einig, werden die Karten hinter dem Namen aufgeklebt. Anschließend werden alle Blätter im Raum ausgehangen, jede Gruppe stellt ihr Puzzle vor und erklärt, warum sie welche Zuordnung vorgenommen hat. Die anderen können dann gegebenenfalls korrigieren.

Bereiten Sie ein Beispiel vor, das macht das Spiel anschaulicher. Sollten die Gruppen nicht aufgehen, sind auch ein oder zwei Gruppen mit fünf Sp möglich.

3. Unterrichtseinheit

Was haben wir gemeinsam, was unterscheidet uns?

Vertauschte Namen

Sich konzentrieren und schnell reagieren

Arbeitsform

Kreis

Dauer

ca. 10 Min.

Material

nicht notwendig

Ablauf

Dieses Spiel funktioniert auf der Grundlage des Spiels „Zuzwinkern". Alle Sp stehen paarweise im Kreis. Ein Sp steht allein. Er ruft einen Namen in die Runde, und die genannte Person muss versuchen, schnell zu ihm zu laufen. Ihr Nachbar versucht jedoch, sie am Weglaufen zu hindern. Ist es ihr nicht gelungen, steht sie jetzt allein und ruft jemanden anderen zu sich. Wenn das Prinzip klar ist, wird das Spiel erschwert. Nun tauscht jedes Paar seinen Namen. Wenn Sabine und Chris nebeneinander stehen, heißt jetzt Sabine Chris und Chris Sabine. Sollte nun der allein stehende Sp nach Sabine rufen, darf nicht Sabine laufen, sondern Chris. Sabine hingegen muss versuchen, Chris am Weglaufen zu hindern. Bei jeder neuen Nachbarin werden erneut die Namen getauscht.

Das Spiel ist bei Weitem nicht so kompliziert, wie es sich hier anhört, und Lachen ist garantiert.
Innerhalb dieses Themenkomplexes eignet es sich auch als Einstimmungsspiel.

Drei-Ecken-Spiel

Schnell Entscheidungen treffen

Arbeitsform

Gesamtgruppe

Dauer

ca. 15 Min.

Material

vorbereitete DIN-A4-Blätter

Ablauf

In drei Ecken des Raumes wird auf ein Zeichen des SpL ein Begriff, der auf einem Blatt steht, umgelegt. Die Sp haben die Aufgabe, sich so schnell wie möglich für einen Begriff zu entscheiden und sich in die entsprechende Ecke zu stellen. Dort angekommen, sollten sie ihre Wahl begründen, z. B.: „Ich stehe hier, weil ich das Fach Biologie gerne mag."

Folgende Worte könnten auf den Blättern stehen:

Mathe	Bio	Sport
Altbau	Einfamilienhaus	Hochhaus
Simpsons	Sailor Moon	Pokemon
Vater	Mutter	Eltern
braun	schwarz	blond
Hund	Katze	Wellensittich
blau	rot	gelb
Schwester	Bruder	keine
Kobold	König	Räuber
Sonne	Mond	Sterne

Die drei Musketiere

Gemeinsamkeiten finden

Arbeitsform

Kleingruppen

Dauer

ca. 20 Min.

Material

AB: Die drei Musketiere
siehe Kopiervorlage (S. 24)

Ablauf

Die Gruppe teilt sich in Kleingruppen zu je drei Sp. Jede Kleingruppe erhält ein Arbeitsblatt und füllt dieses gemeinsam aus.
Regel: Alle drei müssen mit der jeweiligen Antwort einverstanden sein. Anschließend werden die Arbeitsergebnisse im Stuhlkreis vorgestellt.

Gab es in den Gruppen Überraschungen?
Habt ihr etwas Neues von den anderen erfahren?

Idee von Jamie Walker: Gewaltfreier Umgang mit Konflikten

Die drei Musketiere

Sechs Sachen, die wir gemeinsam haben:

1. Wir sind alle ______________________

2. Wir mögen alle ______________________

3. Wir haben alle ______________________

4. Wir mögen alle nicht ______________________

5. Wir sind alle dagegen, dass ______________________

6. Wir können alle nicht ______________________

Darin unterscheiden wir uns:

Name: ______________________

Ich bin anders, weil ______________________

Name: ______________________

Ich bin anders, weil ______________________

Name: ______________________

Ich bin anders, weil ______________________

Themenkomplex 2
Die eigenen Gefühle und die Gefühle anderer

Mittels unserer Mimik und Gestik senden wir ständig nonverbale Signale und damit Informationen aus, die unserem Gegenüber Einblicke in unsere Gedanken- und Gefühlswelt ermöglichen. Um diese Signale zu entschlüsseln, bedarf es der Fähigkeit des Wahrnehmens, des Einschätzens und des Deutens.

Aus diesem Grund bilden Spiele, in denen die Schüler ihre Wahrnehmung trainieren, zunächst bezogen auf unterschiedliche Gegenstände, dann auf Personen, den Schwerpunkt der ersten Unterrichtseinheit.
Die Schüler sollen im Rahmen dieses Themenkomplexes außerdem erfahren, dass es einen individuellen Fokus beim Beobachten bestimmter Dinge gibt. Jeder hat die Möglichkeit, über „den eigenen Blick" nachzudenken.
Durch Spiele und Übungen werden die Kinder für die Wahrnehmung unterschiedlicher Gefühle sensibilisiert und lernen, dass eine Situation oder ein Ereignis bei jedem Menschen ein anderes Gefühl hervorrufen kann.
Bei der Erarbeitung von Szenen, in denen nicht gesprochen wird, werden die Schüler angehalten, zu überlegen, welche nonverbalen Mittel es gibt, um anderen etwas mitzuteilen.
Das Ende dieses Themenkomplexes bildet eine erarbeitete Gruppenpräsentation in Form einer gestalteten Informationssendung. In dieser Präsentation setzen sich die Kinder intensiv mit den Nuancen eines Gefühls auseinander.

1. Unterrichtseinheit

Ich sehe was, das du nicht siehst

Rollenspiel

Zwei Freunde, ein Friseur und ein Optiker, treffen sich im Friseurladen und unterhalten sich über die letzte Party. Dabei nennt jeder bei der Beschreibung anderer Personen Spezifika, die durch den eigenen Beruf geprägt wurden. Der Friseur beschreibt z. B. eine Person mit einem besonderen Haarschnitt, der Optiker identifiziert Kontaktlinsen oder Brillenträger.

Was habt ihr gesehen?
Wie ist es bei euch, worauf achtet ihr zuerst?
Was nehmt ihr als Erstes wahr?

Ich fühle mich jetzt …, mir geht es heute … Beobachtungen anstellen

Arbeitsform

Paare

Dauer

ca. 10 Min.

Material

vorbereitete (Kartei-)Karten
siehe Kopiervorlage (S. 28)

Ablauf

Die Paare befragen sich kurz gegenseitig, wie es ihnen gerade geht. Anschließend setzen oder stellen sie sich Rücken an Rücken und füllen, ohne sich umzusehen, die vorbereiteten Kärtchen aus. Dann haben sie Gelegenheit, ihre Beobachtungen zu überprüfen.

Was ist den Schülern bei dieser Übung an sich selbst oder bei anderen aufgefallen?

Kleidungskim Etwas am Gegenüber entdecken

Arbeitsform

Paare

Dauer

ca. 10 Min.

Material

nicht notwendig

Ablauf

Jeder betrachtet sein Gegenüber sehr genau.
Wenn die Sp denken, sie haben sich alles eingeprägt, drehen sie sich den Rücken zu und verändern drei Details an sich (Ärmel hochkrempeln, Scheitel anders ziehen). Auf ein Kommando sehen sich beide wieder an und versuchen nun, zu entdecken, welche Veränderungen vorgenommen wurden. Findet man scheinbar nichts, so ist es erlaubt, durch leichte Bewegung des entsprechenden Körperteils Hilfestellungen zu geben.

Diese Runden können nahezu beliebig oft wiederholt werden. Zugleich wird mit dieser Übung die Kreativität der Schüler angeregt, wenn sie nach Möglichkeiten der Veränderung an sich suchen.

_____________________ (Name)

- hat ein _____________________ Oberteil an.
- trägt _____________________ Hosen/Rock.
- hat _____________________ Augen.

Mir ist außerdem aufgefallen, dass _____________________

____

____

____

✂ -

_____________________ (Name)

- hat ein _____________________ Oberteil an.
- trägt _____________________ Hosen/Rock.
- hat _____________________ Augen.

Mir ist außerdem aufgefallen, dass _____________________

____

____

____

✂ -

_____________________ (Name)

- hat ein _____________________ Oberteil an.
- trägt _____________________ Hosen/Rock.
- hat _____________________ Augen.

Mir ist außerdem aufgefallen, dass _____________________

____

____

____

Gegenstände wahrnehmen

Sich viele Gegenstände einprägen

Arbeitsform

Kleingruppen

Dauer

ca. 15 Min.

Material

- 25–30 unterschiedliche Gegenstände (z. B. Apfel, Kondom, Löffel, Ball, Hammer usw.)
- ein großes Tuch
- Stift und Papier für jede Gruppe

Ablauf

Auf einem Tisch liegen ca. 25 verschiedene Gegenstände, welche mit einem Tuch abgedeckt sind. Es werden vier gleich große Gruppen gebildet, die sich um den Tisch stellen (Jede Gruppe steht an einer Tischseite). Nun wird das Tuch für eine Minute hochgehoben, sodass alle Gegenstände betrachtet werden können. Danach zieht sich jede Gruppe in eine Ecke zurück. Die Sp schreiben alle Gegenstände auf, die sie sich gemerkt haben.

Der Reihe nach liest anschließend jede Gruppe einen Gegenstand vor. Pro Gegenstand gibt es einen Punkt. Wer einen bereits erwähnten Gegenstand nennt, bekommt Punktabzug.

- *Welche Gruppe konnte sich die meisten Gegenstände merken?*
- *Gab es eine besondere Taktik der Gruppe?*
- *Welche Gegenstände wurden von allen Gruppen vergessen? Woran könnte das liegen?*
- *Gibt es einen Gegenstand, der bei allen Gruppen an erster Stelle steht? Welche Erklärungen haben die Schüler dafür?*

Idee von: Jürgen Fritz: Mainzer Spielkartei

2. Unterrichtseinheit
Ohne Worte

Rollenspiel (wird ohne Sprache vorgeführt)

1. zwei Menschen finden etwas
2. freuen sich
3. betrachten den Fund; staunen
4. verlieben sich darin
5. streiten sich darum
6. trennen sich anschließend wütend

Was habt ihr gesehen?
Kennt ihr ähnliche oder andere Mittel, etwas zu sagen?
Welche Gefühle kann man an der Körpersprache erkennen?
Wer mag vorkommen und ein Gefühl vorstellen? (Die Gefühle an der Tafel sammeln.) Wann setzt ihr diese Art der Kommunikation ein?

Finde dein Gefühl

Ein Gefühl darstellen oder erkennen

Arbeitsform

Stuhlkreis

Dauer

ca. 10 Min.

Material

ebenso viele Kärtchen mit „Gefühlen" und Suchaufträgen wie Schüler
siehe Kopiervorlage (S. 31)

Ablauf

Jeder erhält einen Zettel, auf dem ein Gefühl oder ein Suchauftrag für ein bestimmtes Gefühl steht. Alle setzen sich in den Stuhlkreis. Auf ein Zeichen werden die Gefühle dargestellt, anschließend suchen die anderen Sp „ihr" Gefühl.
Das Spiel kann evtl. nach einem Rollentausch wiederholt werden. Die Suchenden werden also zu den Darstellenden.

Was könnte jemanden veranlassen, so oder so zu fühlen? Erinnert ihr euch an Gelegenheiten, in denen ihr eines der dargestellten Gefühle hattet?

Idee von Terri Akin u. a.: Selbstvertrauen und soziale Kompetenz

Du bist wütend.	Wer ist wütend?
Du bist verlegen.	Wer ist verlegen?
Du bist aufgeregt.	Wer ist aufgeregt?
Du bist ängstlich.	Wer ist ängstlich?
Du wartest ungeduldig.	Wer ist ungeduldig?
Du bist verliebt.	Wer ist verliebt?
Du bist traurig.	Wer ist traurig?
Du langweilst dich.	Wer langweilt sich?
Du bist gut gelaunt.	Wer ist gut gelaunt?
Du bist fix und fertig.	Wer ist fix und fertig?
Du bist verträumt.	Wer ist verträumt?
Du bist müde.	Wer ist müde?

Ich zeig euch, wie's ihm geht

Der Körper als Spiegel

Arbeitsform

Paare

Dauer

ca.10 Min.

Material

Interviewleitfaden an der Tafel oder auf einem großen Blatt Papier

Ablauf

Die Sp einigen sich, wer zuerst fragt und wer befragt wird.
Fragen:

- Wie bist du heute früh aufgestanden?
- Wie waren die ersten Unterrichtsstunden für dich?
- Wie geht es dir jetzt?

Nun versuchen alle Interviewer, die jetzige Stimmung des Gegenübers mit ihrem Körper auszudrücken. Anschließend können die Befragten umhergehen und sich untereinander über ihre Wahrnehmungen austauschen. Dann wechseln die Gruppen: Die Befragten werden zu den Interviewern und umgekehrt.

Eine gefühlvolle Szene

Etwas ganz ohne Worte darstellen

Arbeitsform

Kleingruppen

Dauer

ca. 15 Min.

Material

nicht notwendig

Ablauf

Jede Gruppe (max. 4 Sp) denkt sich eine kleine Geschichte (Szene) aus und baut mindestens eines der Gefühle, die zu Beginn der Stunde an die Tafel geschrieben wurden, ein. Die Geschichte (Szene) soll ganz ohne Worte auskommen.

Fragen an die Zuschauer:
Was habt ihr gesehen?
Welche Gefühle habt ihr erkannt?

Fragen an die Gruppe:
Wie ist die Geschichte entstanden?
Wie war die Arbeit in der Gruppe?
Was würdet ihr euch für die nächste Gruppenarbeit wünschen?

3. Unterrichtseinheit
Gefühle spielen mit

Rollenspiel

1. Szene
   Zwei Freunde (C. und U.) treffen sich auf dem Rummel. C. will in die Geisterbahn, U. nicht. Da wird C. sauer, beide beginnen, sich zu streiten und trennen sich wütend.
2. Szene
   Wie oben; U. erklärt jedoch, dass er nicht in die Geisterbahn will, weil er Angst hat. Nun zeigt C. Verständnis und entscheidet sich, irgendwann einmal mit jemand anderem in die Geisterbahn zu gehen.

Worin lag der Unterschied zwischen den beiden Szenen?
Kennt ihr ähnliche Situationen? Welche?

Gefühlsbilder

Schnell Situationen nachempfinden

Arbeitsform

zwei Gruppen stehen einander gegenüber

Dauer

ca. 5 Min.

Material

evtl. zwei hochkant gestellte Tische, die als Bilderrahmen dienen

Ablauf

Jede Gruppe erhält abwechselnd eine Situation zugerufen, die sie sofort in einem „Bilderrahmen" darstellt. Die zweite Gruppe schaut, welche Gefühle sie erkennt. Z. B.:

- Nach dem Bergaufstieg auf den Mount Everest
- Ihr habt im Lotto gewonnen
- Eure Eltern werden morgen ausziehen
- Heute habt ihr zwei Stunden Sport
- Ihr fahrt Geisterbahn, mittendrin fällt der Strom aus, und ihr sitzt im Wagen fest
- Morgen gibt es Zeugnisse usw.

Es kann sich ein Gespräch darüber anschließen, warum Menschen in der gleichen Situation unterschiedliche Gefühle haben.

Meine Gefühle

Sich den anderen öffnen

Arbeitsform

Einzelarbeit

Dauer

ca. 10 Min.

Material

AB: Meine Gefühle
siehe Kopiervorlage (S. 35)

Ablauf

Jeder Sp erhält ein AB und füllt es aus. Danach erfolgt der Austausch in der Klein- oder Gesamtgruppe.

- *Welche Aussage hat euch am meisten überrascht? Warum?*
- *Welche Aussage konntet ihr am besten nachvollziehen?*
- *Wann geht es euch ähnlich?*
- *Welche Aussage konntet ihr am wenigsten nachempfinden?*

Idee von Terri Akin u.a.: Gefühle spielen immer mit

Meine Gefühle

Schreibe folgende Sätze weiter:

Du hast dafür ca. 5 Min. Zeit.

Mich macht froh ______________________

Ich werde ungeduldig ______________________

Mich macht wütend ______________________

Mich macht traurig ______________________

Mich macht ängstlich ______________________

Mich macht unsicher ______________________

Viel Spaß!!

Meine Gefühle

Schreibe folgende Sätze weiter:

Du hast dafür ca. 5 Min. Zeit.

Mich macht froh ______________________

Ich werde ungeduldig ______________________

Mich macht wütend ______________________

Mich macht traurig ______________________

Mich macht ängstlich ______________________

Mich macht unsicher ______________________

Viel Spaß!!

Das habe ich dir gar nicht zugetraut

Eine Szene

Arbeitsform

Kleingruppen
szenisches Spiel

Dauer

ca. 15 Min.

Material

Zettel mit verschiedenen Gefühlen

Ablauf

An der Tafel steht der Satz: „Das habe ich dir gar nicht zugetraut." Jede Arbeitsgruppe (max. 4 Sp) kann nun einen Zettel ziehen, auf dem ein Gefühl steht, und hat 5 min Zeit, eine kleine Szene zu entwerfen, in welcher dieser Satz enthalten ist und mit dem entsprechenden Gefühl ausgesprochen wird.
Anschließend werden die Szenen vor der Klasse präsentiert.

Die Zuschauenden erzählen anschließend, was sie gesehen und welches Gefühl sie erkannt haben.

Durchblick

Alles Wissen noch einmal zusammenfassen

Arbeitsform

Kleingruppen,
szenisches Spiel

Dauer

ca. 20 Min.

Material

ein AB je Gruppe
siehe Kopiervorlage (S. 37)

Ablauf

Jede Kleingruppe (max. 4 Sp) erhält ein Arbeitsblatt und entwirft einen kleinen Bericht für eine Fernsehsendung zu einem bestimmten Gefühl.
Anschließend werden die entstandenen Berichte und Szenen vor der Klasse präsentiert.

- *Was habt ihr gesehen?*
- *Was hat euch besonders beeindruckt und warum?*

Durchblick

Die Sendung, die erklärt, was los ist

Ihr alle kennt Fernsehsendungen, in denen die unterschiedlichsten Erscheinungen/Phänomene erklärt werden.
Eure Aufgabe ist es nun, einen Beitrag für solch eine Sendung zu gestalten. In eurem Bericht sollt ihr alle eure Erkenntnisse der letzten Stunden zum Thema **Gefühle** zusammenfassen. Euer Schwerpunkt liegt dabei auf

____

Versucht, folgende Fragen zu klären:

- Was wisst ihr über Gefühle ganz allgemein?
- Wie erkennt man das oben genannte Gefühl?
  (Körpersprache)
- Wie hört sich ein gesprochener Satz mit diesem Gefühl an?
  (macht evtl. ein Interview)
- Was kann ______________________________ machen?
  (spielt ein Beispiel)

Ihr habt für die Vorbereitung ca. 10 Min. Zeit.

Viel Spaß!!

Themenkomplex 3
Die eigenen Stärken und die eines Teams entdecken

Das Wissen um die eigenen Stärken ist wichtig für ein positives Selbstbild und fördert das Selbstwertgefühl.
Oft sind sich Schüler ihrer eigenen Stärken leider gar nicht bewusst, oder es fällt ihnen schwer, sie anzuerkennen, denn etliche Male haben sie gehört, dass „Eigenlob stinkt". Das Bewusstsein über die eigenen Stärken ist jedoch weit entfernt vom „stinkenden Eigenlob". Nur wer seine eigenen Stärken kennt, kann diese gezielt einsetzen, um bestimmte Ziele zu erreichen, und sie als Kraftquelle in schwierigen Situationen nutzen.

Ziel der folgenden Spiele und Übungen ist es, den Schülern die Möglichkeit zu geben, ihre eigenen Stärken zu entdecken, sie zu verbalisieren und Anerkennung dafür zu erhalten. Die Schüler erfahren, was Stärken sind, welche Vielzahl es gibt, und dass sie sich auf ganz unterschiedliche Bereiche des menschlichen Körpers beziehen können.
Ein weiterer Schwerpunkt dieses Themenkomplexes liegt beim Erkennen und Achten der Stärken anderer. Die Schüler erleben, dass es bei der Bewältigung einer gemeinsamen Aufgabe von Vorteil ist, zusammenzuarbeiten, da man dadurch die unterschiedlichen Stärken und Fähigkeiten der anderen nutzen kann.

1. Unterrichtseinheit
Meine Stärken von Kopf bis Fuß

Rollenspiel:

Marianne und Tina nähen sich zum Schulball ihre Kleider selbst. Sie treffen sich, um sich ihre Werke gegenseitig zu zeigen. Tina kann sehr gut nähen. Marianne hingegen hat kreative Ideen für die Gestaltung. Nachdem die ersten Versuche nicht so recht gelungen sind (Marianne: gute Nähte, jedoch langweiliger Schnitt; Tina: tolle Farben, besonders schöner Schnitt, jedoch sehr schlecht genäht, Kleid sitzt nicht), probieren sie es gemeinsam. Tina bietet Marianne an, das Kleid noch einmal zu nähen. Marianne hingegen hat schon eine Idee für Tinas Kleid und entwirft einen neuen Schnitt. Beide haben auf dem Ball die schönsten Kleider und gewinnen den ersten Preis.

Was habt ihr gesehen?
Wer hatte welche Stärken?
Warum ist es wichtig, seine eigenen Stärken und die der anderen zu kennen?

Ein Strichmännchen

Verschiedene Stärken erkennen

Arbeitsform

Gesamtgruppe
frontal oder Stuhlkreis

Dauer

ca. 10 Min.

Material

- eine Tafel oder ein großes Blatt Papier (mind. DIN A2)
- Stifte bzw. Kreide

Ablauf

Mit Hilfe eines großen Strichmännchens an der Tafel werden gemeinsam Stärken zusammengetragen und den entsprechenden Bereichen zugeordnet.

Z. B.:

Kopf: gut rechnen können
sich gut Namen merken können

Herz: gut zuhören können
eine gute Freundin sein können

Hände: gut basteln können
ein Fahrrad reparieren können

Körper: gut tanzen können
gut Fußball spielen können

Talent: ein Instrument spielen können
gut Theater spielen können

Mein Wappen

Die eigenen Stärken entdecken

Arbeitsform

Einzelarbeit an Tischen

Dauer

ca. 30 Min.

Material

- Stifte und/oder alte Zeitschriften
- Kleber, Scheren
- AB: Wappen
  (vergrößern auf DIN A3)

siehe Kopiervorlage (S. 41)

Ablauf

Einführend sollte gemeinsam mit den Sp erarbeitet werden, wofür ein Wappen steht, und was es symbolisiert (Geschichte, Traditionen und Stärken einer Familie).
Anschließend erhält jeder Sp einen Bogen Papier (DIN A3) mit den Umrissen eines Wappens. Jeder hat die Aufgabe, das Wappen mit seinen eigenen Stärken zu gestalten. Dies ist in Form von Collagen und/oder durch das Malen von Bildern möglich.
Nach der Fertigstellung kommen alle im Stuhlkreis zusammen und stellen ihre Wappen vor. Jeder Sp stellt sein Wappen vor, dabei entscheidet er selbst, zu welchen Dingen auf seinem Wappen er etwas sagen oder erzählen möchte.

Wir haben die Erfahrung gemacht, dass die Spannung erhalten bleibt, wenn jedes neue Wappen mit einem Klatschen oder einem Trommelwirbel aufgedeckt wird. So erhalten auch die letzten Wappen in der Runde noch genügend Aufmerksamkeit.

Idee von Terri Akin u. a.: Selbstvertrauen und soziale Kompetenz

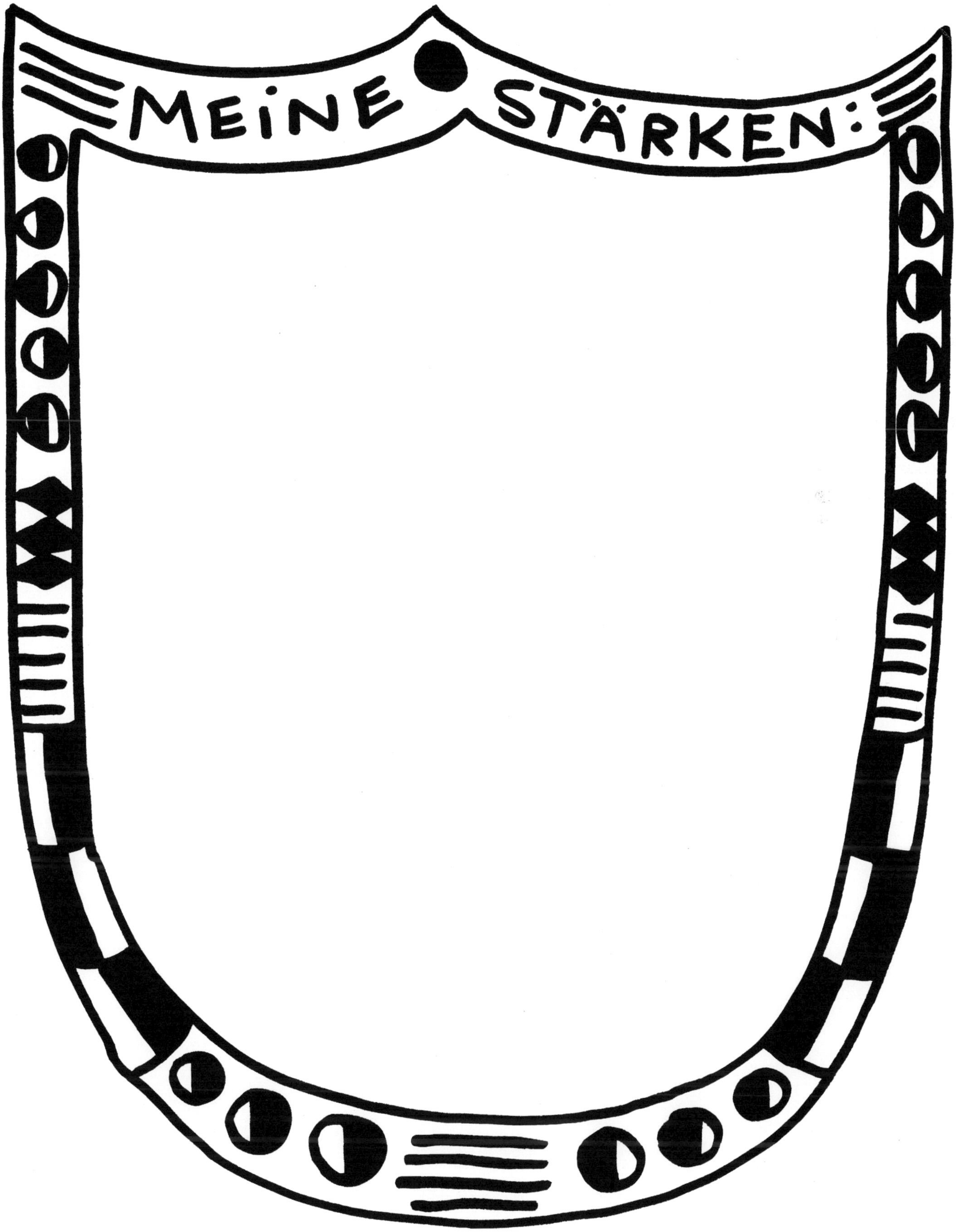
MEINE STÄRKEN:

Applaus, Applaus

Erfahren und achten, was die anderen können

Arbeitsform

Kreis

Dauer

ca. 5 Min.

Material

die Stärken der Sp

Ablauf

Während die Sp ihre Wappen vorstellen, notiert sich der SpL die genannten Stärken. Anschließend erhält jeder Sp in der Kreismitte einen Applaus für seine Stärken.

SpL: „Jeder, der gut malen kann, geht in den Kreis."
Alle, die im Kreis stehen, erhalten von den anderen einen tosenden Applaus.

Achten Sie darauf, dass jeder Sp einen Applaus erhält und dass nicht immer nur dieselben Sp im Klatschkreis stehen.

2. Unterrichtseinheit

Was in uns steckt

Was in uns steckt?! – Teil 1 Gemeinsam doppelt stark sein

Arbeitsform

Kleingruppen

Dauer

ca. 15 Min.

Material

ein großes Blatt Papier (DIN-A3-Blatt oder besser Flipchart-Papier) je Arbeitsgruppe

Ablauf

Grundlage dieser Übung sind die Stärke-Wappen aus der ersten Unterrichtseinheit. Die Sp finden sich in Kleingruppen (max. 4 Sp) zusammen. Jeder Sp stellt sein Wappen noch einmal in der Kleingruppe vor. Anschließend malt jede Kleingruppe auf ein großes Blatt Papier ein Strichmännchen und beschriftet es (analog der ersten Übung in der 1. Unterrichtseinheit) mit den Stärken der Kleingruppe. Die Strichmännchen werden anschließend im Raum ausgehängt.

Was in uns steckt?! – Teil 2 Toll, was er kann

Arbeitsform

Präsentation der Kleingruppen vor der Klasse

Dauer

ca. 15 Min.

Material

nicht notwendig

Ablauf

Jede Kleingruppe präsentiert ihre Stärken, indem sie zusammen vor die Klasse tritt und reihum jeder in der Gruppe eine Stärke von jemand anderem aus der Gruppe nennt (anpreist).
„In unserer Gruppe steckt ein guter Zeichner… ein guter Zuhörer… ein guter Tänzer."

Bedingung: Keiner darf seine eigene Stärke nennen.

Was in uns steckt?! – Teil 3

Gemeinsam packen wir das

Arbeitsform

Präsentation der Kleingruppen vor der Klasse

Dauer

ca. 15 Min.

Material

nicht notwendig

Ablauf

Jeweils ein Team kommt vor die Klasse und bekommt eine der folgenden Fragen gestellt.
Das Team spricht sich kurz ab und präsentiert dann seine Antwort. Jeder Sp nennt reihum eine Begründung, keiner darf dabei seine eigenen Stärken nennen:
z. B.: Wir sind für den Bundeskanzler ein gutes Team, weil Torsten gut rechnen und dem Kanzler bei den Finanzen helfen kann, weil Sabine gut kochen kann, und der Kanzler ein warmes Mittagessen bekommt ...

- Das Fernsehen will eine Sendung über eure Schule drehen und benötigt dabei von einem guten Team Unterstützung. Warum seid ihr dafür genau das richtige Team?
- Im Kindergarten sind plötzlich mehrere Kindergärtner erkrankt. Der Kindergarten benötigt dringend Unterstützung. Warum seid ihr dafür das richtige Team?
- Ein großer Zirkus gibt in der Stadt Vorstellungen. Doch die Hälfte der Darsteller und Mitarbeiter ist an einem seltsamen Virus erkrankt. Warum seid ihr das richtige Team, um die Abendvorstellung zu retten?
- Alle Lehrer eurer Schule sind total gestresst und überarbeitet. Es müssen dringend ein paar gute Helfer her, damit der Schulalltag wieder reibungslos verläuft. Warum seid ihr dafür das richtige Team?
- Die Mitarbeiter des Bundeskanzlers sind alle zur gleichen Zeit im Urlaub. Warum seid ihr genau das richtige Team, um dem Kanzler beim Regieren zu helfen?

Themenkomplex 4
Arbeit in Jungen- und Mädchengruppen

Kinder und Jugendliche benötigen ausreichend Angebote, ihre kognitiven, sprachlichen, moralisch-ethischen und emotionalen Handlungskompetenzen zu schulen, um eine eigene Identität entwickeln zu können.
Das Ziel geschlechtsspezifischer Arbeit ist, Mädchen und Jungen darin zu stärken, ihre eigenen Gefühle und Bedürfnisse wahr und ernst zu nehmen. Besonders Mädchen sollen verbale und nonverbale Strategien entwickeln können, um unangenehme Situationen zu beenden. Sie erfahren, dass sie ein Recht auf ein „NEIN" haben, und können üben, sich durchzusetzen.
Zudem schafft die Arbeit in geschlechtshomogenen Gruppen eine besondere Atmosphäre des Vertrauens und hat etwas Verschworenes: *„Wir Mädchen/Jungen halten zusammen!"* In der Regel genießen es Mädchen wie Jungen, unter sich zu sein. Die Atmosphäre macht Mut für Fragen und Gespräche. In unserem Fall bezogen sich die Fragen der Jungen meist auf den Bereich der Sexualität, bei den Mädchen auf Konflikte untereinander. Jede Gruppe hat jedoch andere Bedürfnisse, auf die Sie flexibel reagieren sollten.
Damit sich die Klasse während dieser Unterrichtseinheiten nicht ganz aus den Augen verliert, schlagen wir vor, die Klasse erst ab der Arbeitsphase zu trennen.

Zunächst geht es in diesem Themenkomplex darum, sich über die Vor- und/oder Nachteile, ein Mädchen bzw. ein Junge zu sein, auszutauschen.
Des Weiteren machen sich die Schüler Gedanken über ihre eigenen Vorbilder und lernen die Vorbilder der anderen kennen.
Ein weiterer Schwerpunkt sind Übungen und Spiele zum Thema Selbstbehauptung und Durchsetzungsvermögen.

1. Unterrichtseinheit

Das sind wir

Ein Junge/Mädchen zu sein, ist ... Sich austauschen

Arbeitsform

einzeln u. Gesamtgruppe

Dauer

ca. 35 Min.

Material

- ausreichend Zettel (zweifarbig) und Stifte
- Klebestifte
- ein großes Blatt

Ablauf

Jeder schreibt pro Zettel eine Bemerkung auf, was ihm daran gefällt (rote Zettel) bzw. nicht gefällt (gelbe Zettel), ein Mädchen bzw. ein Junge zu sein.
Dann werden die Bemerkungen vorgetragen und diskutiert. Die Gruppe entscheidet, ob sie mit der Behauptung übereinstimmt oder nicht, und warum das so ist. Anschließend entscheidet sich die Gruppe für die besten Aussagen und gestaltet gemeinsam eine Wandzeitung. Alle entscheiden, was mit der Wandzeitung geschehen soll.

Idee von Jamie Walker: Gewaltfreier Umgang mit Konflikten

Weide im Wind

Sich anderen anvertrauen

Arbeitsform

Gruppe mit max. 12 Sp

Dauer

ca. 10 Min.

Material

nicht notwendig

Ablauf

Die Gruppe bildet einen engen Kreis. Ein Freiwilliger geht in die Mitte des Kreises und macht seinen Körper ganz steif (wie ein Brett). Mädchen können auch die Arme vor der Brust verschränken.
Dann schließt er die Augen und fängt langsam an, nach vorn und hinten zu schwanken. Die Gruppe stützt die Person in der Mitte und achtet darauf, dass sie nicht aus dem Kreis fällt. Dann wird gewechselt.

- *Weisen Sie darauf hin, dass bei der Übung nicht gesprochen werden sollte.*
- *Erklären Sie, dass es sich um eine Vertrauensübung handelt. Außerdem kann die Gruppe zeigen, wie gut sie zusammenarbeitet.*
- *Achten Sie auf eine ruhige Atmosphäre!*
- *Fragen Sie, wie es war, in der Mitte zu stehen.*
- *Wie war die Zusammenarbeit in der Gruppe?*

2. Unterrichtseinheit

Das will ich, das will ich nicht

Meine Vorbilder

Aufschreiben, wen man „klasse" findet und warum

Arbeitsform

einzeln u. Gesamtgruppe

Dauer

ca. 15 Min.

Material

- ausreichend Zettel und Stifte für jeden
- evtl. ein großes Blatt für eine Wandzeitung

Ablauf

Bitten Sie die Sp, auf jeden Zettel eines ihrer Vorbilder zu schreiben und ihre Wahl zu begründen. Anschließend kommt die Gruppe im Kreis zusammen. Wer mag, kann ein oder mehrere seiner Vorbilder nennen. Die Gruppe entscheidet, was mit den Zetteln gemacht wird. Möglich wäre, dazu eine Wandzeitung zu gestalten.

- *Haben Mädchen nur Frauen als Vorbilder oder auch Männer?*
- *Haben Jungen nur Männer als Vorbilder oder auch Frauen?*
- *Können Eltern auch Vorbilder sein?*
- *Was macht einen Menschen eurer Meinung nach zum Vorbild?*

Idee von Jamie Walker: Gewaltfreier Umgang mit Konflikten

Ja-nein-Kreis

Versuchen, sich durchzusetzen

Arbeitsform

Gesamtgruppe im Kreis

Dauer

ca. 5 Min.

Material

nicht notwendig

Ablauf

Alle stehen im Kreis. Der SpL beginnt, indem er sich zu seinem rechten Nachbarn dreht und zu ihm klar und deutlich „Ja" sagt. Dieser gibt ebenfalls das „Ja" an seinen Nachbarn usw. weiter, bis jemand auf ein „Ja" mit einem energischen „Nein" antwortet. Dann geht es in der Gegenrichtung wieder zurück, so lange, bis jemand „Ja" sagt. Die Aussage kann durch Gesten und Körperhaltung verstärkt werden.

- *Wer schafft es, seinen Nachbarn mit einem Wort zu überzeugen?*
- *Wer gibt schnell nach? Wer nie?*
- *Manchmal entstehen im Wortgefecht kleine Geschichten. Wer hat während des Spiels eine solche gesehen oder erlebt?*

Idee von Jamie Walker: Gewaltfreier Umgang mit Konflikten

Hau ab! (besonders für Mädchen geeignet)

Sich durchsetzen

Arbeitsform

paarweise, szenisches Spiel

Dauer

ca. 10 Min., abhängig von der Gruppengröße

Material

nicht notwendig

Ablauf

Bitten Sie zwei Freiwillige (A und B) nach vorn. A geht durch den Raum. B kommt hinzu, stellt sich A in den Weg und versucht, den Arm um die Schulter von A zu legen o. Ä. A sieht B daraufhin direkt ins Gesicht und sagt laut und deutlich „Hau ab!" o. Ä. und versetzt B mit der Hand gleichzeitig einen kräftigen Stoß gegen den Oberkörper oder die Schulter.
Geben Sie den Sp nach dem Austausch über das Erlebte und Gesehene auch die Möglichkeit, noch einmal in die Rolle von A zu schlüpfen. Spielen Sie diese Form, bis jeder einmal A und einmal B war.

- *Ermutigen Sie Zurückhaltende, sich wirklich durchzusetzen.*
- *Fragen Sie A und B, wie sie sich in ihrer Rolle gefühlt haben.*
- *Besprechen Sie, welches Verhalten dem eigenen Standpunkt Nachdruck verleiht, z. B.: feste, kräftige Stimme, Blickkontakt (auf die Nasenwurzel schauen), aufrechte Körperhaltung.*

Richtig abheben

Tragen und getragen werden

Arbeitsform

max. 9 Personen pro Fliegergruppe

Dauer

ca. 10 Min.

Material

nicht notwendig

Ablauf

Wie für jede andere Vertrauensübung braucht man auch für dieses Spiel eine ruhige, konzentrierte Atmosphäre. Es wird an den Längsseiten eines Tisches zunächst je eine Reihe gebildet, sodass die Schüler einander gegenüberstehen. Eine Person legt sich auf den Tisch und schließt die Augen. Zunächst legen alle behutsam die Hände auf den Körper des Liegenden. Auf Ihr Zeichen, schieben nun alle die Hände langsam und vorsichtig unter den Körper und ergreifen dort fest die Hände des Gegenübers (Kreuzgriff). Langsam wird der Liegende hochgehoben und durch den Raum getragen. Am Ende dieser Reise wird er wieder behutsam auf den Tisch gelegt.

- *Wie war es, von der Gruppe getragen zu werden?*
- *Wie war es, die Verantwortung für den (F-)Liegenden zu haben?*

3. Unterrichtseinheit

Ich setz mich durch

Mit wem würdest du gern mal …?

Eine Wahl treffen

Arbeitsform

Gesamtgruppe

Dauer

ca. 15 Min.

Material

für jeden mind. 27 kleine Zettel und einen Stift

Ablauf

Die Gruppe sitzt im Kreis. Jeder schreibt auf jeden Zettel seinen Namen.
Erklären Sie, dass Sie jetzt neun verschiedene Fragen stellen werden und dass jeder antworten kann, indem er pro Frage *mindestens* einen, maximal drei Zettel an Mitspieler seiner Wahl vergibt.

Folgende Fragen sind möglich:

1. Mit wem würdest du gern mal im Fahrstuhl stecken bleiben?
2. Wen hättest du gern als Cliquenchef?
3. Mit wem würdest du gern mal schwimmen gehen?
4. Wen hättest du gern als Bruder/Schwester?
5. Mit wem würdest du gern dein Zimmer teilen?
6. Mit wem würdest du gern mal shoppen gehen?
7. Mit wem würdest du gern mal Hausaufgaben machen?
8. Mit wem würdest du über Liebeskummer sprechen?
9. Mit wem würdest du gern mal was aushecken?

- *Bei welcher Frage war es sehr schwer, Zettel zu verteilen? Bei welcher Frage war es leicht?*
- *Wart ihr über Zettel, die ihr bekommen habt, erstaunt?*
- *Wenn jeder noch einen Zettel hat, kann sich die Gruppe auch eine letzte Frage gemeinsam ausdenken.*

Idee von K. Vogler: www.ejh.de

Blind führen

Verantwortung übernehmen und sich anvertrauen

Arbeitsform

Paare

Dauer

ca. 10 Min.

Material

evtl. eine Augenbinde für jedes Paar

Ablauf

Jeder sucht sich einen Partner. Einer der beiden schließt die Augen oder bindet sich eine Augenbinde um. Der andere führt ihn nun durch den Raum oder durch einen Teil des Schulhauses. Der Führende achtet darauf, dass sich der Blinde immer wohlfühlt und sich keinesfalls irgendwo stößt oder wehtut. Es soll bei dieser Übung möglichst nicht gesprochen werden.

- *Erklären Sie, dass diese Übung ein Vertrauensspiel ist und die Paare die Verantwortung füreinander tragen.*
- *Wie habt ihr euch gefühlt, als ihr Verantwortung übernommen habt?*
- *Wie war es für euch, sich jemandem anzuvertrauen? Habt ihr euch sicher gefühlt? Was habt ihr erlebt?*
- *Welches war für euch die schwierigere Rolle?*

Abschlussalphabet

Eigene Eindrücke in Worte fassen

Arbeitsform

zunächst Einzel-, dann Gruppenarbeit

Dauer

ca. 20 Min.

Material

- ausreichend Stifte und Zettel (pro Schüler mind. fünf)
- ein großes Blatt für die Wandzeitung mit allen Buchstaben
- Klebestifte

Ablauf

Rufen Sie den Schülern noch einmal alle Spiele und Ereignisse der vorherigen Stunden in Erinnerung.
Jeder Sp erhält nun 5 Zettel und notiert darauf je ein Wort, welches er mit den vergangenen Stunden verbindet.
Dann breiten Sie das Plakat aus (oder heften es an die Tafel). Auf dem Plakat stehen alle Buchstaben von A bis Z. Die beschriebenen Zettel werden nacheinander zu den Buchstaben des Alphabets geordnet und die Aussagen besprochen bzw. begründet.

Idee von Ulrich Baer u. a.: Sag beim Abschied …

Themenkomplex 5
Teamgeist

Mit anderen gemeinsam eine Aufgabe bewältigen können, andere bei Problemen unterstützen und kompromissbereit sein, sind notwendige Verhaltensweisen für ein friedliches und kooperatives Miteinander in der Gruppe.

Im *Themenkomplex 5* stehen Spiele und Übungen zur Förderung der kooperativen Kompetenz im Vordergrund.
Die Erfahrungen aus den vorangegangenen Themenkomplexen fließen hier ein. Denn, wer erfolgreich mit anderen zusammenarbeiten will, muss die Fähigkeit haben, zuhören zu können, sowie in der Lage sein, sich auszudrücken, und bereit sein, seine eigenen Stärken und Fähigkeiten für die Gruppe einzusetzen. Wenn dies geschieht, macht die Arbeit im Team Spaß. Das Team ist kreativ und produktiv. Im Team wird es möglich, die eigenen Stärken mit denen der anderen zu kombinieren. Die Schüler erkennen, dass die Arbeitsleistung eines Teams immer höher ist als die eines Einzelnen.
Innerhalb dieser Projektstunden legten wir im Stundenabschnitt „Wie war's?" ein besonderes Augenmerk auf die Auswertung und Reflexion der Kleingruppenarbeit.

1. Unterrichtseinheit
Fantasie ist gefragt

Gerettet
Kooperation und Geschicklichkeit

Arbeitsform

Gesamtgruppe

Dauer

ca. 10 Min.

Material

Stühle oder Zeitungen

Ablauf

Im Raum stehen eng beieinander halb so viele Stühle wie Sp. Die Gruppe bewegt sich zur Musik im Raum. Bei Musikstopp muss die gesamte Gruppe versuchen, sich auf die Stühle zu retten (kein Körperteil darf den Boden berühren). Nach jeder Runde wird ein Stuhl entfernt. Mit wie vielen Stühlen kommt die Gruppe aus?
Wenn Sie zwei gleich große Gruppen bilden, schaffen Sie Wettbewerbscharakter. Jede Gruppe hat ihre Stuhlinsel. Auch hier wird nach jeder Runde ein Stuhl entfernt. Welche Gruppe kooperiert besser miteinander?

Statt der Stühle können Sie auch Zeitungspapier nehmen, welches immer kleiner gefaltet wird.
Diese Übung eignet sich auch als Einstimmungsspiel.

Wort-Patchwork

Wie viele Begriffe stecken in einem Wort

Arbeitsform

Gesamtgruppe

Dauer

ca. 15 Min.

Material

nicht notwendig

Ablauf

Jeder Schüler erhält die Aufgabe, aus den Buchstaben eines zusammengesetzten Wortes so viele neue Wörter wie möglich zu bilden. Zeigen Sie ein Beispiel an der Tafel (Automatenflasche: Tomate, Flasche, Lasche, Maul, Senf, ...).
Verteilen Sie unterschiedliche Wörter, sodass die Schüler allein arbeiten müssen (z. B.: Autobahnauffahrt, Wachhundausbilder). Anschließend wird ein anderes Wort gemeinsam mit allen Schülern an der Tafel oder in Kleingruppen bearbeitet (z. B. Lebensmitteltransporter). Werten Sie nun die unterschiedlichen Arbeitsweisen aus:

- *Wie war es, allein oder zusammen zu arbeiten?*
- *Wann habt ihr mehr Worte gefunden?*
- *Warum bringt Teamarbeit häufig bessere Ergebnisse?*

Idee von Diane Schilling: Miteinander klarkommen

Karneval in ...

Alle Fähigkeiten und Stärken der Gruppe nutzen

Arbeitsform

Kleingruppen

Dauer

ca. 30 Min.

Material

- AB sowie Materialien zum Basteln
- Scheren
- Stifte/Farben
- Klebstoff, Klebeband

s. Kopiervorlage (S. 57)

Ablauf

Bilden Sie Kleingruppen mit je vier Schülern. Stellen Sie für jede Gruppe ein „Paket“ mit den unterschiedlichsten Materialien zusammen (z. B. farbiges Papier, Kartons, Stoffe, Luftballons, Stricke u. Ä.)
Jede Gruppe erhält ein Arbeitsblatt und Bastelmaterial. (Jede Gruppe erhält ein anderes Material.) Sie hat die Aufgabe, daraus eine Figur für einen Umzugswagen zu bauen.
Anschließend erfolgt eine Präsentation der Arbeit in Form eines angedeuteten Umzuges mit Musik oder einer Ausstellung.

Karneval in ...

Ihr seid Mitglieder in einem großen Karnelvalsclub. Und hier laufen das ganze Jahr die Vorbereitungsarbeiten für die närrische Zeit mit Festen und Umzügen auf Hochtouren.

Ihr arbeitet fieberhaft an den Figuren für die Umzugswagen. Der Sponsor möchte, dass das gesamte zur Verfügung gestellte Material verbraucht wird.

Ihr müsst nun entscheiden:

- Wie heißt euer Karnevalsclub?
- Was ist euer „Schlachtruf"?
- Was wollt ihr aus dem Material bauen?
- Wie präsentiert ihr euch während des Umzuges?

Denkt daran, die Zeit drängt! Ihr habt 20 Minuten Zeit. Dann erfolgt die Präsentation eurer Arbeit.

Viel Spaß!

2. Unterrichtseinheit

Wir sind EIN Team

Wetten, dass ...?

Zusammenarbeiten bedeutet gewinnen

Arbeitsform

Gesamtgruppe

Dauer

ca. 15 Min.

Material

Musik

Ablauf

Bei diesem Spiel fordern Sie die Gruppe zu einem Wettkampf heraus. Ziel ist natürlich, dass Sie die Wetten verlieren.
Die Gruppe bewegt sich zu einer frei wählbaren Musik durch den Raum. Bei jedem Musikstopp frieren alle ein, und Sie stellen der Gruppe die erste Aufgabe usw.
Finden Sie gegebenenfalls einen kleinen Anreiz für die Gruppe.
Wetten, dass ihr es nicht schafft, ...

- *innerhalb von einer Minute einen Turm zu bauen, der aus je einem persönlichen Gegenstand von euch besteht.*
- *euch, ohne miteinander zu sprechen, innerhalb von 30 Sekunden gleichmäßig in 4 Ecken zu verteilen.*
- *innerhalb von einer Minute ein Kleidungsstück mit jemand anderem zu tauschen.*
- *dass die gesamte Klasse unter zwei (ggf. drei, je nach Gruppengröße) Tische passt.*
- *dass in 30 Sekunden vor jedem Mädchen ein Junge kniet.*
- *euch in einer Minute ohne Worte der Schuhgröße nach aufzustellen.*
- *gemeinsam die erste Strophe eines Liedes zu singen.*

Diese Übung eignet sich auch als Einstimmungsspiel.

Werbespot

Das kreative Potenzial der Gruppe ausschöpfen

Arbeitsform

Kleingruppen

Dauer

ca. 20 Min.

Material

verschiedene Gegenstände

Ablauf

Die Gruppe bildet Kleingruppen zu je 4 Sp. Jede Gruppe wählt aus einer größeren Zusammenstellung verschiedener Gegenstände einen aus. Die Aufgabe besteht darin, für diesen Gegenstand einen Werbespot zu kreieren, der anschließend vor der Klasse präsentiert wird.

Der gordische Knoten

Sich lösen, aber nicht trennen

Arbeitsform

Gesamtgruppe

Dauer

ca. 10 Min.

Material

nicht notwendig

Ablauf

Die Gruppe steht eng im Kreis. Alle schließen die Augen und strecken vorsichtig die Arme nach vorn, um zwei unterschiedliche Hände zu fassen. Wenn jede Hand eine neue Hand gefunden hat, können die Augen geöffnet werden. Die Aufgabe besteht darin, ohne die Hände loszulassen, den riesigen Knoten zu entwirren, sodass zum Schluss alle wieder im Kreis stehen.

Diese Übung eignet sich auch als Abschlussspiel.

3. Unterrichtseinheit
Koordination und Kooperation

Statuen bauen
Schnell reagieren, gewagt handeln

Arbeitsform

Gesamtgruppe

Dauer

ca. 15 Min.

Material

nicht notwendig

Ablauf

Die Gruppe bewegt sich zur Musik im Raum. Bei Musikstopp frieren die Schüler ein und erhalten von dem SpL Aufgaben:
Baut eine Statue …

- … zu dritt. Dabei dürfen nur vier Füße, zwei Hände und ein Unterarm den Boden berühren.
- … zu viert. Dabei dürfen nur vier Füße, ein Po, drei Hände und ein Ellenbogen den Boden berühren.
- … zu fünft. Dabei dürfen nur vier Knie, sechs Hände, ein Kopf, und ein Po den Boden berühren usw.

Diese Übung eignet sich auch als Einstimmungsspiel.

Adel verpflichtet
Zusammen etwas kreieren und vorstellen

Arbeitsform

Gesamtgruppe

Dauer

ca. 30–40 Min.

Material

- (klassische Barock-)Musik
- Papier und Stifte
- evtl. Schminke, Tücher und Accessoires zum Verkleiden
- AB: Adel verpflichtet

s. Kopiervorlage (S. 61)

Ablauf

Da die Anweisungen auf dem Arbeitsblatt sehr umfangreich sind, ist eine Staffelung der Aufgabenschritte sehr hilfreich. Jede Gruppe holt sich ihre ersten Aufgaben. Wenn diese erfüllt sind, können sich die Sp das nächste Arbeitsblatt holen.
Die Präsentation kann im Rahmen eines Balls erfolgen, indem jede Familie durch eine Zeremonienmeisterin (SpL) (mit Musik) empfangen wird und sich gebührend vorstellt.

Idee von Jürgen Fritz: Mainzer Spielekartei

1. Arbeitsblatt

Adel verpflichtet

Stellt euch vor, ihr seid eine Adelsfamilie:

Wie heißt ihr?

Aus welchen Familienmitgliedern setzt ihr euch zusammen?

Welche kleine Macke, welchen kleinen Tick hat jede/r?

Seid ihr damit fertig, könnt ihr euch die nächsten Aufgaben holen.

Teamgeist		Zusammen etwas kreieren und vorstellen		Gruppe:

2. Arbeitsblatt

Adel verpflichtet

Überlegt, welche berühmten Vorfahren ihr habt und was ihr über sie erzählen könnt!

Wie heißt das Schloss, die Burg oder der Ort, wo ihr wohnt?

Wie sieht euer Wappen aus? Malt es auf!

Ihr bekommt eine Einladung für einen Ball, auf diesem tretet ihr standesgemäß auf und stellt euch als Adelsfamilie vor.

Themenkomplex 6
Der Umgang mit Konflikten

Alle vorausgegangenen Themenkomplexe dienen der Förderung von bestimmten sozialen Kompetenzen, die für einen gewaltfreien Umgang mit Konflikten notwendig sind.
Konflikte sind eine unvermeidbare Folge menschlichen Zusammenlebens. Schon früh müssen sich Kinder mit Konfliktsituationen auseinandersetzen. Die durch ihre Umwelt erfahrenen Verhaltensweisen prägen sie ein ganzes Leben.

In diesem Themenkomplex geht es darum, den Schülern zu vermitteln, was ein Konflikt ist, und welche Komponenten entscheidend für den Verlauf sind. Ziel ist es, sie für Konfliktsituationen zu sensibilisieren, ihnen Anregungen für produktive Konfliktlösungen zu geben und damit den Grundstein für ein, sich durch die gesamte Schulzeit ziehendes „Training" zu legen. Auch hier sollen und können die Schüler auf die in den vorangegangenen Übungen und Spielen gemachten Erfahrungen zurückgreifen.
Zum Themenkomplex gehören beispielsweise die Thematisierung von Konfliktursachen und deren unterschiedliche Verläufe, Übungen zum aktiven Zuhören und die Verwendung von Ich-Botschaften. Da hierzu bereits eine Vielzahl von Methoden und Übungen in der Literatur erschienen sind, möchten wir an dieser Stelle auf diese Quellen verweisen.
Lediglich eine selbst entwickelte Form, mit der wir sehr positive Erfahrungen gemacht haben, wollen wir an dieser Stelle vorstellen: die Talkshow.

Talk Talk Talkshow

Die Arbeitsphase besteht aus drei Teilen.

1. Casting

Sich in einer Arbeitsgruppe finden

Arbeitsaufgabe

Gruppenaufteilung

Dauer

ca. 10 Min.

Material

hier noch nicht notwendig

Ablauf

Sagen Sie den Sp, dass Sie vorhaben, das Thema Konflikte mit einer Talkshow abzuschließen. Um einen reibungslosen Ablauf zu sichern, schlagen Sie vor, dass sich zunächst fünf annähernd gleich große Arbeitsgruppen bilden sollen. Dann sagen Sie kurz etwas zu den einzelnen Gruppen und deren Arbeitsaufgaben.

Die Technikcrew

- *kümmert sich um die Dokumentation (Fotos),*
- *sucht ein passendes Jingle zur Show,*
- *stellt den Moderator,*
- *richtet das „Studio" ein.*

Das Professorenteam

- *erzählt Grundlegendes zum Thema Konflikte, wo und wie sie entstehen.*

Die Cleveren

- *suchen nach Argumenten für eine friedliche Konfliktlösung.*

Die Siegertypen

- *vertreten und verteidigen das Prinzip der Stärkeren.*

Die Werbedesigner

- *entwerfen einen Werbespot, der in die Sendung passt.*

Nach einer kurzen Beratungszeit soll sich jede Gruppe für eine Arbeitsaufgabe entscheiden.

2. Backstage

Sich thematisch auseinandersetzen und vorbereiten

Arbeitsform

Kleingruppen

Dauer

ca. 15 Min.

Material

AB für jede Gruppe,
Fotoapparat, CD-Player,
verschiedene CDs
siehe Kopiervorlagen (S. 65 ff.)

Ablauf

Jede Gruppe erhält ein Arbeitsblatt und liest sich dieses zunächst einmal durch. Gemeinsam arbeitet die Gruppe an der Umsetzung ihrer Arbeitsaufgaben und einigt sich dann, wer die zusammengetragenen Arbeitsergebnisse wie präsentieren soll.

3. Auftritt

Den anderen die eigenen Arbeitsergebnisse vorstellen

Arbeitsform

Gesamtgruppe

Dauer

ca. 20 Min.

Material

wie oben

Ablauf

Alle, die nicht Gäste der Talkshow sind, bilden das Talkshow-Publikum. Das Publikum hat die Aufgabe, mit Fragen die Talkshow-Gäste herauszufordern, die Antworten zu hinterfragen und zu provozieren.
Da alle Schüler irgendein Talkshowformat kennen, ist die Klasse meist sehr bei der Sache. Als Zuschauer können Sie immer wieder intervenieren und so darauf achten, dass wirklich eine ernsthafte Diskussion zustande kommt.

Die Form der Talkshow bietet die Möglichkeit, sich mit den verschiedensten Themen auseinanderzusetzen (Liebe, Drogen, Musik, Freundschaft, ...). Zur Anregung der Diskussion ist oft ein Pro und Contra hilfreich. Es ist auch möglich, dass Sie Briefe an die einzelnen Teams vorbereiten, in denen ein Problem geschildert und um Hilfe gebeten wird. Die Aufgabe der Teams ist es dann, eine Antwort zu verfassen und diese in der Show zu veröffentlichen. Anregungen für diese Briefe bekommen Sie in einschlägigen Jugendzeitschriften.

Arbeitsblatt für das **Professorenteam**

Ihr seid die ganz Schlauen! Immer, wenn es um Fachfragen geht, kommt man zu euch.

Heute geht es um das Thema:

Konflikte und wie man sie lösen kann

Ihr habt schon sehr viel über Konflikte geforscht und wisst deshalb auch, wie sie entstehen und wie sie gelöst werden könnten. Dafür habt ihr ein Beispiel mitgebracht.

1. Erinnert euch an das bisher Gelernte, und stellt einen kurzen Fachbericht zum Thema Konflikt zusammen!
   In eurem Fachbericht solltet ihr unter anderem folgenden Fragen nachgehen:
   - Was ist überhaupt ein Konflikt?
   - Welche Konfliktlösungsmöglichkeiten gibt es?
   - Welche Lösungen werden in der Schule/Klasse eurer Erfahrung nach meistens gewählt?
   - Wodurch entstehen eurer Meinung nach diese Konflikte?

2. Wählt unter euch max. 2 Personen aus, die in einer Talkshow eure Arbeitsergebnisse vorstellen!

3. Entwerft Rollen für eure beiden Vertreter:
   Name, Alter, Beruf, Art des Auftretens (lässig, laut, leise, ...)

Ihr habt für eure Arbeit 10 Min. Zeit.
Viel Spaß!

Umgang mit Konflikten | Talk Talk Talkshow | Gruppe:

Arbeitsblatt für die **Werbedesigner**

Ihr seid das Salz in der Suppe und bekannt für eure witzigen Werbeideen!

Es wird in der Talkshow um das Thema Konflikte gehen. Wie jede Talkshow, hat auch diese eine Werbepause. – Das ist euer Auftritt!

Entwerft also einen kurzen, knackigen Werbespot, der nach Möglichkeit auch zum Thema passt!

Probt den Werbespot, damit dann alles perfekt läuft!

Ihr habt für eure Arbeit 10 Min. Zeit.
Viel Spaß!

Arbeitsblatt für die **Cleveren**

Ihr geht clever an die Sache ran und seid der Meinung, man sollte alle Möglichkeiten nutzen, um einen Konflikt so zu lösen, dass alle Beteiligten Gewinner sind.

1. Es soll angeblich ja immer besser sein, einen Konflikt friedlich zu lösen. Warum eigentlich? Sucht nach Begründungen und Argumenten! Kann man jeden Konflikt friedlich lösen?

2. Nennt ein Beispiel für eine, eurer Ansicht nach, gelungene Konfliktlösung!

3. Wählt unter euch max. 2 Personen aus, die in einer Talkshow eure Meinung vertreten!

4. Entwerft Rollen für eure beiden Vertreter:
   Name, Alter, Beruf, Art des Auftretens (lässig, laut, leise, ...)

Ihr habt für eure Arbeit 10 Min. Zeit.
Viel Spaß!

Umgang mit Konflikten | Talk Talk Talkshow | Gruppe:

Arbeitsblatt für die **Siegertypen**

Ihr seid der Meinung, dass man sich immer und auf jeden Fall durchsetzen soll, wenn es sein muss, auch mit Gewalt. Ihr haltet nicht viel davon, nachzugeben, denn: wer nachgibt, hat schon verloren. Ihr aber wollt keine Verlierer sein.

1. Welche Vorteile habt ihr, wenn ihr als alleinige Sieger aus einem Konflikt hervorgeht? Sucht Begründungen und Argumente für eure Meinung!

2. Warum ist es eurer Überzeugung nach manchmal nötig, Gewalt anzuwenden?

3. Wählt unter euch max. 2 Personen aus, die in einer Talkshow eure Meinung vertreten!

4. Entwerft Rollen für eure beiden Vertreter:
   Name, Alter, Beruf, Art des Auftretens (lässig, laut, leise, ...)

Ihr habt für eure Arbeit 10 Min. Zeit.
Viel Spaß!

Arbeitsblatt für die **Technikcrew**

Ihr seid die Crew – ohne euch geht nichts!

Heute steht die Talkshow „Konflikte und wie man sie lösen kann" auf dem Programm.

Studiogäste sind:

☺ 2 Vertreter der Cleveren,
also die, die sich immer für eine friedliche Lösung von Konflikten einsetzen

☺ 2 Vertreter der Siegertypen,
das sind die, die sich immer durchsetzen

☺ 2 Vertreter des Professorenteams,
sie wissen genau Bescheid, was Konflikte sind und wie man sie lösen kann

Eure Aufgaben sind folgende:

1. Entscheidet, wer von euch die Moderation der Talkshow übernimmt, und überlegt, welche Fragen er/sie an die Gäste stellen könnte!
2. Wählt für die Talkshow das passende Jingle aus!
3. Entscheidet, wer für die Musik verantwortlich ist!
4. Entscheidet, wer für die (Foto-)Kamera verantwortlich ist!
5. Richtet das Studio her – Sitzreihen und Bühnengestaltung!

Ihr habt für eure Arbeit 10 Min. Zeit.
Viel Spaß!

Einstimmen

Abschlussspiel

Kleingruppen bilden – nicht nur durch Abzählen

Sowohl in den Einstimmungs- und Abschlussspielen als auch bei einer Vielzahl von Übungen in der Arbeitsphase ist es notwendig, Kleingruppen, zwei Mannschaften oder auch Paare zu bilden. Die Verantwortung des Sich-Zusammenfindens der Gruppe zu überlassen, ist eine Möglichkeit, z. B.: „Bildet Dreiergruppen!"
Die Zusammensetzung der Gruppe erfolgt dann nach Freundschaft und Sympathie. Die Konstellation, das heißt, wer mit wem zusammenarbeitet, ist oft dieselbe. Das schließt aber die Möglichkeit aus, andere Schüler näher kennenzulernen und sie vielleicht in einem anderen Licht zu sehen. Manchmal können sich die Schüler auch nicht einigen oder erleben Enttäuschungen, da sie vielleicht in der Gruppe weniger angesehen sind. Manche bleiben häufig erst einmal „übrig", und es gibt Reaktionen wie: „Mit der will ich nicht in einer Gruppe sein".
Für Schüler ist es jedoch einfacher, die Gruppenzusammensetzung zu akzeptieren, wenn die Entscheidung nicht von ihnen getroffen werden muss, sondern dem spielerischen Zufall unterliegt.
Die folgenden Vorschläge für Gruppenbildungen sind abwechslungsreich, machen Spaß und sind beliebig erweiterungsfähig.

Am seidenen Faden

für Paarbildung geeignet

Dauer

10 Min.

Material

halb so viele Wollfäden (ca. 30 cm) wie Gruppenmitglieder

Ablauf

Es werden alle Fäden in der Hand so zusammengenommen, dass die Fadenenden oben und unten aus der Hand herausschauen. Jeder Schüler greift sich ein Fadenende. Die beiden, die am selben Faden „hängen", bilden ein Paar.

Eine Gemeinsamkeit

Gruppengröße variabel

Dauer

5 Min.

Material

nicht notwendig

Ablauf

Es wird eine Gemeinsamkeit vorgegeben (z. B. gleiches Hobby, gleiches Sternzeichen, gleiche Haarfarbe, gleiche Lieblingsfarbe usw.), nach der sich die Kleingruppen zusammenfinden. Beachten Sie, dass die Kleingruppen voraussichtlich unterschiedlich groß sein werden bzw. einige Schüler sich nicht einordnen können. Diese könnten dann eine eigene Gruppe bilden.

Jede Gruppe soll aus ... bestehen

Gruppengröße variabel

Dauer

10 Min.

Material

nicht notwendig

Ablauf

Es wird vorgegeben, wie sich die Kleingruppen zusammensetzen sollen, z. B.: „Bildet Vierergruppen. In jeder Gruppe soll mind. ein Mädchen, mind. ein Junge, mind. eine blaue Hose und mind. eine Person mit der Lieblingsfarbe Blau zu finden sein!"
Die Vorgaben sind beliebig veränderbar.

Die gleichen Düfte

Gruppengröße variabel

Dauer

10 Min.

Material

Filmdosen mit verschiedenen Gerüchen

Ablauf

Es werden Filmdosen mit verschiedenen Gerüchen vorbereitet (Gewürze, Parfüm, Duftöle u. Ä.). Sie benötigen so viele verschiedene Gerüche wie Kleingruppen und so viele Gerüche einer Art wie Schüler in einer Kleingruppe.
Jeder Schüler erhält eine Filmdose. Alle laufen durch den Raum und suchen die Schüler, die den gleichen Duft wie sie in der Filmdose haben.
Den Inhalt evtl. mit einem Wattebausch abdecken, damit die Zusammengehörigkeit nur am Geruch und nicht am Aussehen erkannt wird.

Die gleichen Bilder

Gruppengröße variabel

Dauer

5 Min.

Material

Zettel mit Bildern

Ablauf

Es werden Zettel mit verschiedenen Motiven (z. B. Bilder, Symbole, Farben, Zahlen oder Worte) vorbereitet: Sie benötigen so viele verschiedene Motive wie Kleingruppen und so viele Motive einer Art wie Schüler in einer Kleingruppe.
Die Auswahl der Motive kann immer wieder verändert werden und auch dem Thema der darauffolgenden Übungen angepasst werden.
Jeder Schüler zieht einen Zettel. Alle laufen durch den Raum und vergleichen ihre Bilder. Schüler mit den gleichen Bildern finden sich zu einer Gruppe.

Familie Mümmel

Gruppengröße variabel

Dauer

10 Min.

Material

vorbereitete Zettel mit den verschiedenen Familiennamen

Ablauf

Jede Familie ist eine Kleingruppe: Familie Memmel, Mömmel, Kümmel, Kimmel, Kemmel, Nimmel, Nömmel, Nemmel usw. Jeder Schüler erhält einen Ausweis (Zettel mit dem jeweiligen Familiennamen): Sie benötigen so viele verschiedene Familiennamen wie Kleingruppen und so viele Familienmitglieder wie Schüler in einer Kleingruppe.

Alle laufen durch den Raum und rufen laut ihren Familiennamen. Bis sich die Familien gefunden haben, kann es sehr lautstark zugehen.

Apfel, Birne, Banane

Gruppengröße variabel

Dauer

5 Min.

Material

nicht notwendig

Ablauf

Abzählen ist die einfachste Form der Gruppenbildung. Wenn die üblichen Zahlen durch andere Begriffe ersetzt werden, erhält auch diese Form jedes Mal wieder einen neuen Reiz:

z. B.: Apfel – Birne – Banane (alle Äpfel bilden eine Kleingruppe, alle Birnen bilden eine Kleingruppe usw.), König – Zauberer – Fee, gelb – blau – grün, Sonne – Mond – Sterne usw.

Erst klein, dann groß

zwei Großgruppen

Dauer

10 Min.

Material

nicht notwendig

Ablauf

„Findet euch zu zweit zusammen, und macht aus, wer A und B ist!"
Anschließend bilden alle A's und alle B's jeweils eine Gruppe.

Aus 2 mach 4 oder 6!

für Vierer- oder Sechsergruppen

Dauer

5–10 Min.

Material

nicht notwendig

Ablauf

Es werden Paare gebildet. Jedes Paar geht nun auf die Suche nach einem oder zwei weiteren Paar(-en). Diese bilden dann eine Kleingruppe.

Erste Wahl

Paarbildung

Dauer

5 Min.

Material

Musik

Ablauf

Alle gehen nach Musik durch den Raum. Bei Musikstopp bleiben alle stehen. Die Person, die einem am nächsten steht, wird der Partner für das nächste Spiel oder die nächste Übung.

Ruhige Spiele

Dia-Show

Standbilder

Arbeitsform

mit der Gesamtgruppe

Dauer

ca. 10 Min.

Material

mind. 10 Zettel;
je Zettel ein Ereignis oder Ort

Ablauf

Es werden zwei gleich große Gruppen gebildet, die sich Gesicht (A) zu Rücken (B) gegenüberstehen. Gruppe A zieht einen Zettel, auf dem ein Ereignis oder ein Ort steht, und hat die Aufgabe, das Vorgegebene möglichst schnell in einem Standbild darzustellen. Während Gruppe A baut, zählt Gruppe B laut von fünf rückwärts. Statt 0 heißt es „Los!". Gruppe B dreht sich um und soll nun erraten, was dargestellt wird. Dann wechseln die Aufgaben der Gruppen.
Ereignisse oder Orte könnten sein:

Beerdigung	Baustelle	Geisterbahn
Hochzeit	Schulhof	Bahnhof
Autounfall	Friseur	Schuleinführung
Operation	Museum	Boxkampf

Gegen Ende des Spiels können Sie den Schwierigkeitsgrad erhöhen, indem die Gruppen die Aufgabe erhalten, die Standbilder mit geschlossenen Augen zu bauen. Bei dieser Variante ist es für die zählende Gruppe natürlich viel spannender, beim Prozess des Bildbauens zuzusehen.

Jurtekreis

Eine Vertrauensübung

Arbeitsform

Kreis,
gerade Anzahl von Sp
notwendig

Dauer

ca. 5 Min.

Material

nicht notwendig

Ablauf

Alle stehen im Kreis. Es wird abgezählt. Feuer – Wasser oder Apfel – Birne oder Sonne – Mond usw. Nun fassen sich alle an. Auf Ihr Zeichen beugen sich alle „Feuer" *langsam* nach vorn und alle „Wasser" *gleichzeitig langsam* nach hinten, ohne sich loszulassen. Erklären Sie vorher, dass sich alle beim Vor- oder Zurückbeugen ganz steif machen sollen.

Faxen

Holzauge, sei wachsam

Arbeitsform

Kreis

Dauer

ca. 10 Min.

Material

nicht notwendig

Ablauf

Ein Sp wird bestimmt, ein „Fax“ zu senden. Dieser sagt: „Ich schicke ein Fax an (Name).“ Mit einem „Los!“ wird der Beginn der Faxsendung angekündigt. Das Fax wird durch Händedruck weitergegeben und kann sowohl nach rechts als auch nach links „gesendet“ werden.
Ein zweiter Sp steht in der Kreismitte, zunächst mit dem Rücken zum Absender. Ist das Fax abgeschickt, kann sich die Person in der Mitte frei bewegen. Ihre Aufgabe ist es, die Fax-Meldung abzufangen („Stopp!“), d. h. einen Händedruck zu sehen, bevor er den Empfänger erreicht. Die Person, bei der das Fax bzw. der Händedruck gesichtet wurde, geht nun in die Mitte.

Idee aus: www.spieledatenbank.de

Der Kommissar

Blinde Gangstersuche

Arbeitsform

Stuhlkreis

Dauer

ca. 10 Min.

Material

eine Augenbinde

Ablauf

Es wird nacheinander abgezählt, jeder erhält eine Nummer und merkt sich diese. Ein Freiwilliger (der Kommissar) geht in die Mitte und bekommt die Augen verbunden. Der Kommissar ruft nun zwei (später auch mehr) Nummern auf, diese müssen sofort nach ihrer Nennung aufstehen und versuchen, die Plätze zu tauschen, ohne den Kreis zu verlassen und ohne vom Kommissar berührt oder gefangen zu werden. Wer berührt wurde, ist der neue Kommissar.

Ich bin ein Baum

Standbilder

Arbeitsform

Gesamtgruppe

Dauer

ca. 15 Min.

Material

nicht notwendig

Ablauf

Der erste Sp (A) geht auf die Bühne und sagt: „Ich bin ein Baum." Er versucht, dies durch seine Körperhaltung deutlich zu machen. Nun können nacheinander alle dazukommen, sich zuordnen und dadurch ein Bild entstehen lassen. Zum Beispiel:

B (legt sich auf den Boden):
„Ich bin die Wiese, auf welcher der Baum steht."
C (bildet mit seinem Körper eine Bank):
„Ich bin eine Bank auf der Wiese."
D (formt mit seinen Händen ein Nest):
„Ich bin ein Vogelnest."

Sie können dieses Spiel auch in zwei Gruppen spielen lassen (sinnvoll bei mehr als 15 Sp). Gruppe A baut ein Bild, Gruppe B sieht zu und entscheidet sich, wenn das Bild fertig ist, für einen Teil des Bildes (z. B. die Bank). Von diesem Teil geht dann das neue Bild der Gruppe B aus, Gruppe A schaut zu usw.

Klopfzeichen

Konzentration und Koordination

Arbeitsform

Kreis, max. 12 Sp

Dauer

ca. 10 Min.

Material

nicht notwendig

Ablauf

Die Gruppe sitzt oder liegt im Kreis. Die Hände sind auf dem Boden aufgestützt, sodass die Handflächen eine Auflagefläche haben. Der rechte Arm wird über den linken Arm des Nachbars gelegt, sodass jeweils zwischen den eigenen Händen eine fremde Hand liegt. Ein Klopfen geht reihum von Hand zu Hand. Die Hand, die zu früh, zu spät oder gar nicht reagiert, scheidet aus. Bei einem doppelten Klopfzeichen ändert sich die Richtung.

Vernetzt

Ein etwas anderer Stundenbeginn

Arbeitsform

Stuhlkreis

Dauer

ca. 10 Min.

Material

ein Wollknäuel

Ablauf

Die Gruppe sitzt im Kreis. Einer hat ein Wollknäuel in der Hand und wirft es einem Sp zu. Dieser erzählt kurz, wie die Woche bisher für ihn gewesen ist, ob etwas für ihn besonders Wichtiges geschehen ist und wie es ihm gerade geht. Dann wird das Knäuel zum nächsten Sp geworfen. Am Ende der Übung sind alle miteinander „vernetzt", und Sie können erläutern, was Sie für die kommende Stunde geplant haben.

Gegenstandsmetamorphose

Fördert die Fantasie

Arbeitsform

Kreis

Dauer

ca. 10 Min.

Material

ein beliebiger Gegenstand

Ablauf

Ein beliebiger Gegenstand (z. B. ein Kleiderbügel) wird im Kreis herumgegeben. Durch Verfremden erhält er bei jedem Sp eine neue Bedeutung (z. B. den Kleiderbügel als Flöte benutzen). Die Gruppe errät, welcher neue Gegenstand dargestellt wird. Das Spiel ist beendet, wenn niemandem mehr etwas einfällt.

„Hände-Ticken"

Wer kann es am schnellsten?

Arbeitsform

zwei Stuhlkreise

Dauer

ca. 10 Min.

Material

Stoppuhr oder Uhr mit Sekundenanzeige

Ablauf

Es werden zwei gleich große Gruppen gebildet. Jede Gruppe sitzt um einen oder zwei Tische. Die Sp legen beide Handflächen auf den Tisch, und zwar so, dass sich die eine Hand rechts über, die andere links unter der Hand des Nachbars befindet. Reihum wird ein Tick (leicht auf die Handfläche des Nachbars schlagen) weitergegeben. Mehrere Durchgänge erhöhen die Geschwindigkeit. Jeweils ein Sp aus der anderen Gruppe kann die Zeit stoppen und kontrollieren, ob alles mit rechten Dingen zugeht.

Welche Gruppe ist als Erste wieder am Ausgangspunkt? Das gleiche Prinzip ist auch im Stehen möglich, anstatt eines „Ticks" wird ein Händedruck weitergegeben.

Gewitterkreis

Die Wahrnehmung schärfen

Arbeitsform

Stuhlkreis

Dauer

ca. 10 Min.

Material

nicht notwendig

Ablauf

Alle schließen die Augen. Der SpL gibt Geräusche vor, die jeweils der linke Nachbar übernimmt, weitergibt und so lange beibehält, bis er ein neues Geräusch hört.
Durch die Reihenfolge ergibt sich die Geräuschkulisse eines Gewitterregens:

1. Handflächen aneinander reiben (Wind)
2. Mit den Fingern schnipsen; erst langsam, dann schneller (Regentropfen)
3. Mit den Handflächen auf die Oberschenkel klatschen; erst langsam, dann schneller, dann wieder langsamer (strömender Regen)
4. Mit den Fingern schnipsen (Regentropfen)
5. Handflächen aneinander reiben (Wind)

Waschstraße

Dem anderen etwas Gutes tun

Arbeitsform

Gesamtgruppe

Dauer

ca. 10 Min.

Material

nicht notwendig

Ablauf

Zwei Reihen stehen sich gegenüber und bilden einen Gang – die Waschstraße. Ein Freiwilliger geht an den Beginn der Waschstraße, er darf das Waschprogramm wählen: z. B. starke Bürsten (mit den Händen den Körper kräftig abreiben) mit Techno-Musik (entsprechende Geräusche machen) oder zartes Abseifen (streicheln) mit Vogelgesang (entsprechende Geräusche). Er „fährt" (läuft) nun langsam durch die Waschstraße und erhält sein gewünschtes Programm. Dann ist das nächste „Auto" an der Reihe.

Gemeinsam bis 21

Konzentration und Gruppengefühl

Arbeitsform

Kreis

Dauer

ca. 5 Min.

Material

nicht notwendig

Ablauf

Alle stehen eng im Kreis, möglichst mit geschlossenen Augen bzw. gesenktem Blick. Die Aufgabe der Schüler ist es, gemeinsam, aber nicht reihum, bis 21 zu zählen. Es darf immer nur einer eine Zahl sagen. Nennen zwei Schüler gleichzeitig dieselbe Zahl, so wird wieder von Neuem mit dem Zählen begonnen.

Bewegte Spiele

Monster-Pyramiden

Kooperation und Tempo

Arbeitsform

Raumlauf,
mind. 18 Sp

Dauer

ca. 10 Min.

Material

- ein großes Schild mit einem Familiennamen pro Gruppe
- jeweils 6 kleine Zettel mit den Familiennamen pro Familie
- Musik

Ablauf

Zunächst werden die großen Zettel mit den Familiennamen im Raum verteilt, evtl. kann man eine Decke/Matte hinter jedes Schild legen.
Jeder erhält einen kleinen Zettel mit einem Familiennamen. Nach Musik bewegen sich alle im Raum und tauschen die Zettel mit denen der anderen, bis die Musik stoppt. Sie sagen nun entweder „Familienmonster" oder „Familienpyramide". Dann rennen alle sofort zum Schild der Familie, deren Namen sie gerade auf dem Zettel haben, und bauen entweder ein

- Familienmonster
  Alle stehen, hocken, knien auf der Decke so hintereinander, dass von vorn nur die Köpfe zu sehen sind. Die Arme werden ausgebreitet, die Gesichter gespenstisch verzogen.

oder eine

- Familienpyramide
  Drei knien auf der Decke, die Hände nach vorn aufgestützt. Zwei stehen in den Lücken dahinter und stützen sich auf die Schultern der Knieenden. Der Dritte steht dahinter in der Mitte.

Die Familie, welche sich als Letzte formiert hat, kann nur wieder erlöst werden, indem ein Familienmitglied von einem Familienmitglied aus einer anderen Familie umarmt, geküsst, gestreichelt o. Ä. wird.
Variante: Alle Familienmitglieder der jeweils letzten Familie erhalten (Klebe-)Punkte. Sieger ist die Gruppe mit der geringsten Punktzahl.

Farben-Tick

Gut wahrnehmen und schnell reagieren

Arbeitsform

Raumlauf

Dauer

ca. 5 Min.

Material

Musik

Ablauf

Alle bewegen sich nach Musik im Raum. Bei Musikstopp nennen Sie eine Farbe, die von allen an Kleidungsstücken anderer sofort berührt werden muss.
Weisen Sie darauf hin, dass alle darauf achten, den anderen nicht wehzutun oder die Kleidung der anderen zu beschädigen.

Idee von Heinz Live Tours: www.spielekiste.de

Löffelei

Kooperation

Arbeitsform

zwei Gruppen

Dauer

ca. 10 Min.

Material

zwei Löffel; jeder Löffel ist an einem langen Strick befestigt

Ablauf

Es werden zwei Gruppen gebildet. Jede Gruppe erhält einen Löffel, der an einem langen Strick befestigt ist. Die Aufgabe besteht darin, den Löffel durch alle Gruppenmitglieder hindurchzuziehen, indem der Löffel durch den einen Ärmel ein- und durch den anderen Ärmel wieder ausgefädelt wird. Gewonnen hat die Gruppe, die sich zuerst „aufgefädelt" hat.

Flipper

Werfen und zielen

Arbeitsform

Kreis, max. 12 Schüler

Dauer

ca. 10 Min.

Material

Ball

Ablauf

Alle stehen im Kreis, mit dem Gesicht nach außen, und beugen sich vornüber, sodass sie durch die Beine schauen können. Ein Sp beginnt und versucht, den Ball durch die Beine der anderen zu werfen. Punkt- oder Ausschlusssysteme ermitteln den Sieger.

Klatschkreis

Konzentration und Gruppengefühl

Arbeitsform

Kreis

Dauer

ca. 10 Min.

Material

nicht notwendig

Ablauf

Alle stehen im Kreis. Als Erster drehen Sie sich nach rechts und klatschen in die Hände. Ihr rechter Nachbar dreht sich daraufhin ebenfalls nach rechts und tut dasselbe usw. Daraus entwickelt sich ein Klatschrhythmus, der möglichst beibehalten werden soll. Zudem ist darauf zu achten, dass man beim Klatschen immer Blickkontakt zu seinem Nachbarn hat.

Weitere Möglichkeiten, um den Schwierigkeitsgrad zu erhöhen:

- *Das Klatschen kann die Richtung wechseln, indem man sich nach links dreht.*
- *Das Klatschen kann kreuz und quer durch den Kreis gegeben werden.*
- *Die Schüler können im Raum umherlaufen und das Klatschen dabei weitergeben.*

Plätze-Tausch

Was ich schon immer wissen wollte

Arbeitsform

Stuhlkreis

Dauer

ca. 10 Min.

Material

nicht notwendig

Ablauf

Die Gruppe sitzt im Kreis. Der SpL beginnt mit der Ansage: „Es tauschen alle die Plätze, die ein Haustier haben." Und die entsprechenden Sp tauschen ihre Plätze. Nach einer Reihe von Ansagen können die Sp ihre eigenen Ideen einbringen. Die Vorgaben für den Plätzetausch können ganz unterschiedlich sein. Die Sp erfahren etwas voneinander. Das Spiel kann somit auch für einen thematischen Einstieg genutzt werden (mögliche Themen: Liebe & Freundschaft, Gefühle).

Variante: Ein Sp steht im Kreis, macht die Vorgabe und versucht, beim Tausch einen Platz zu erhaschen. Wer keinen Stuhl hat, geht in die Mitte und macht die nächste Vorgabe.

Ausreden

Sich schnell etwas einfallen lassen

Arbeitsform

offen,
Bewegung im Klassenraum

Dauer

ca. 10 Min.

Material

nicht notwendig

Ablauf

Ein Freiwilliger oder Sie (A) gehen an die Tafel und drehen den Sp den Rücken zu. Während dieser Zeit können sich die Sp im Klassenraum bewegen und tun, was sie wollen. Wendet sich A jedoch der Klasse zu, müssen augenblicklich alle in ihrer Position einfrieren. Nun kann A einzelne Sp fragen, warum sie nicht auf ihrem Platz sitzen und was sie gerade tun. Die gefragte Person muss sofort eine schlüssige und für A, der den Lehrer spielt, akzeptable Erklärung abgeben, ansonsten geht er an die Tafel.

Farben klopfen

Eine Art Stille Post

Arbeitsform

zwei Gruppen

Dauer

ca. 10 Min.

Material

- Stühle
- vier mal vier Farbkarten (vier verschiedene Farben)

Ablauf

Jede Gruppe erhält 4 farbige Karten und die Aufgabe, sich für jede Farbe ein anderes Klopfzeichen auszudenken. Dann sitzt/steht jede Gruppe in einer Reihe hintereinander. Ganz vorn steht der „Chef" jeder Gruppe. Er hat vier Farbkarten in seiner Hand. Die letzte Person in der Reihe wählt aus den vier farbigen Karten eine Farbe und gibt die Farbe per Klopfzeichen an den Vordermann weiter. Wenn das Zeichen vorne angekommen ist, wird vorne die jeweilige Farbe hochgehalten. Ist es die gleiche Farbe wie hinten, darf die erste Person nach hinten und alle rutschen einen Platz nach vorne usw. Sieger ist die Gruppe, bei der der „Chef" wieder zuerst ganz vorne sitzt/steht.

Idee von Daniel Bank, KJG.g@mes

Billy-Billy-Bob

Kooperation und Reaktionsvermögen

Arbeitsform

Kreis

Dauer

ca. 10 Min.

Material

nicht notwendig

Ablauf

Die Gruppe steht im Kreis. Ein Freiwilliger (A) steht in der Mitte. Zeigt er auf eine Person, muss diese und deren linker und rechter Nachbar augenblicklich reagieren und ein von A angesagtes Bild herstellen. Wer nicht rechtzeitig reagiert, geht in die Mitte.
Es gibt eine schier unbegrenzte Zahl an möglichen Bildern. Hier seien nur ein paar Beispiele genannt.

- *Toaster*
  Die linke und rechte Person bilden den Toaster, indem sie sich einander zuwenden und die Arme ausstrecken, die Person in der Mitte hüpft als Toast zwischen den ausgestreckten Armen auf und ab.
- *Mixer*
  Die linke und rechte Person drehen sich unter den ausgestreckten Händen der mittleren Person.
- *Drei Affen*
  Von links nach rechts: Nichts hören (Ohren zuhalten), nichts sehen (Augen zuhalten), nichts sagen (Mund zuhalten)
- *Weitere Variante: A zeigt auf eine Person und sagt entweder „Billy-Billy-Bob" oder nur „Bob". Der Angesprochene muss folgendermaßen reagieren: Bei „Billy-Billy-Bob" muss er schneller „Bob" sagen als A. Bei „Bob" muss er schweigen, ansonsten tauscht er mit A und geht in den Kreis.*

siehe auch: http://www.spieledatenbank.de/ „Zoospiel"

Ohne Worte

Wahrnehmung und Kooperation

Arbeitsform

Raumlauf

Dauer

ca. 10 Min.

Material

Musik

Ablauf

Alle bewegen sich nach Musik im Raum. Bei jedem Musikstopp erhält die Gruppe eine Arbeitsaufgabe, die, ohne miteinander zu reden, erfüllt werden soll.
Z. B.:

- Sich nach den Vornamen in alphabetischer Reihenfolge aufstellen
- Sich nach der Schuhgröße sortieren – von der größten zur kleinsten
- Sich nach der Haarfarbe sortieren – von der hellsten zur dunkelsten
- Sich nach der Größe der Handflächen sortieren
- Sich nach den Geburtstagsmonaten sortieren (zur Verständigung zeigen die Schüler pantomimisch eine Tätigkeit, die für den Monat bzw. die Jahreszeit typisch ist)

Reisefieber

Platzwechsel

Arbeitsform

Stuhlkreis

Dauer

ca. 10 Min.

Material

nicht notwendig

Ablauf

Alle sitzen im Kreis, eine Person steht in der Mitte. Alle Sp nennen nacheinander einen beliebigen Städtenamen und merken sich diesen. Die Person in der Mitte zählt nun einige dieser Namen auf und sagt beispielsweise: „Ich reise von Erfurt nach Leipzig über New York und Lima." Alle Sp mit den genannten Städten müssen die Plätze tauschen. Die Person in der Mitte versucht ebenfalls, einen Sitzplatz zu erhalten. Wer übrig bleibt, beginnt eine neue Reise.

Idee von Klaus Vogler: www.ejh.de

Chaos-Kreis

Konzentration und Gruppengefühl

Arbeitsform

Kreis

Dauer

ca. 10 Min.

Material

drei verschiedene Bälle

Ablauf

Alle stehen im Kreis. Der SpL wirft einen Ball zu einem Sp und ruft dabei seinen Namen. Dieser wirft den Ball auf die gleiche Weise einer beliebigen Person zu. Der Ball wird so lange im Kreis herumgeworfen, bis jeder ihn einmal gefangen hat. Wer den Ball geworfen hat, legt zur besseren Übersicht eine Hand auf den Kopf. Der letzte Ballwurf geht zum SpL. Wichtig ist, dass sich jeder die Person merkt, zu der er den Ball geworfen hat. Die Spielfolge wird so lange wiederholt, bis das Zuspielmuster für alle klar ist. Nun gibt es mehrere Varianten, um das Spiel fortzusetzen:

1. Variante: Sie setzen immer mehr Bälle ein, die sich gleichzeitig im Kreis bewegen.
2. Variante: Der Ball wird so schnell wie möglich weitergegeben, und jede Runde wird neu die Zeit gestoppt.
3. Variante: Es wird noch ein zweites Zuspielmuster festgelegt. Diesmal sucht man sich eine andere Person im Kreis und ruft anstatt des Namens zum Beispiel ein Tier oder eine Farbe. Wenn die einzelnen Zuspielmuster sitzen, kann man zwei oder drei Zuspielmuster gleichzeitig werfen. Dabei darf der jeweilige Ball erst geworfen werden, wenn zwischen Werfer und Fänger Blickkontakt besteht.

Familientreffen

Kooperation und Körperkontakt

Arbeitsform

Raumlauf

Dauer

ca. 10 Min.

Material

- Zettel mit Familiennamen und Rolle
- Musik
- evtl. Klebepunkte

Ablauf

Jeder erhält einen Zettel, auf dem ein Familienname (Mümmel, Kümmel, Simmel, Himmel, Kringel, Ringel) und eine Rolle (Vater, Mutter, Tochter, Sohn) steht. Alle bewegen sich nach Musik im Raum und tauschen ihre Zettel aus. Bei Musikstopp sucht sich die zusammengehörige Familie und setzt sich aufeinander nach folgender Reihenfolge auf einen Stuhl: Vater, Mutter, Tochter, Sohn. Alle Mitglieder der Familie, die zuerst vollständig sitzt, erhalten einen (Klebe-)Punkt. In den folgenden Runden wird die Sitzreihenfolge verändert. Gewinner sind die, welche die meisten Punkte gesammelt haben.

Hochstapeln

Ehrlich antworten, Körperkontakt

Arbeitsform

Stuhlkreis

Dauer

ca. 10 Min.

Material

nicht notwendig

Ablauf

Alle sitzen im Stuhlkreis. Es werden Fragen gestellt, die nur mit Ja oder Nein beantwortet werden können.
Wer die Frage mit Ja beantwortet, rutscht einen Platz nach rechts, wer die Frage mit Nein beantwortet, rückt einen Platz nach links. Sind die Plätze schon besetzt, setzt man sich einfach auf den Schoß des Nachbars. Der Unterste kann nur dann weiterrücken, wenn auf ihm keiner mehr sitzt.

Die Fragen können ganz beliebig sein oder ein bestimmtes Thema betreffen (z. B. Weihnachten, Ferien, Liebe & Freundschaft u. a.).

Pantomimischer Wettkampf

Tätigkeiten erraten

Arbeitsform

zwei Gruppen

Dauer

ca. 10 Min.

Material

Zettel mit Tätigkeiten

Ablauf

Jede Gruppe erhält einen Umschlag mit der gleichen Anzahl an unterschiedlichen Tätigkeiten. Jeweils ein Mitglied der Gruppe zieht einen Zettel und stellt die Tätigkeit pantomimisch seiner Gruppe dar. Wenn die Gruppe richtig geraten hat, kann der nächste Zettel gezogen werden. Gewonnen hat die Gruppe, deren Umschlag zuerst leer ist.

Sie verhindern, dass geschummelt wird, wenn Sie jeweils ein Gruppenmitglied der anderen Gruppe den Umschlag und die Zettel verwalten lassen.

Knieball

Motorische Koordination

Arbeitsform

Sitzkreis

Dauer

ca. 10 Min.

Material

ein Ball

Ablauf

Alle sitzen in einem engen Stuhlkreis. Die Arme sind hinter der Stuhllehne verschränkt. Die Aufgabe besteht darin, einen Ball im Kreis weiterzugeben, ohne dabei die Hände zu benutzen. Der Ball darf nicht herunterfallen.

Welche ist die beste Beförderungstechnik?
Es besteht auch die Möglichkeit, zwei Mannschaften zu bilden, die jeweils ihre Beförderungstechnik trainieren. Anschließend kommt es zum Wettbewerb.

Idee von Jürgen Fritz: Mainzer Spielekartei

Sender & Empfänger

Sich konzentrieren und schnell reagieren

Arbeitsform

Sitzkreis

Dauer

ca. 10 Min.

Material

evtl. Klebepunkte

Ablauf

Alle sitzen im Kreis. Der Hauptsender hebt beide Arme nach oben. Rechts und links von dem Hauptsender sitzen die Nebensender und heben jeweils den Arm nach oben, der dem Hauptsender am nächsten ist. Durch Zuzwinkern wird ein anderer Sp „angefunkt“, der dadurch sofort zum Hauptsender wird und natürlich wieder Nebenfunker hat. Wer nicht richtig oder nicht schnell genug reagiert, erhält einen (Klebe-)Punkt (auf die Stirn). Sieger ist derjenige, der die wenigsten Punkte hat.

Idee von Josef Broich: Spielspaß mit Kindern

Stuhlrennen

Tempo, Konzentration und Geschicklichkeit

Arbeitsform

zwei Gruppen

Dauer

ca. 10 Min.

Material

Stühle

Ablauf

Jede Gruppe hat einen Kapitän (K). Die Sp einer Gruppe sitzen in einer Stuhlreihe hintereinander, sodass man sich gut hindurchbewegen kann. K steht als Letzter hinter allen. Bei „Start“ klopft er dem Vordermann auf die Schulter, der sich sofort erhebt, damit sich K setzen kann. Der nun Stehende klopft seinerseits dem Vordermann auf die Schulter und setzt sich auf dessen Platz usw. Ist K vorne angelangt, läuft er zur Ausgangsposition.
Gewonnen hat die Gruppe, bei der der Kapitän als Erster wieder hinter seiner Gruppe steht.

Idee aus: www.ejh.de

Wilde Spiele

Schlangentanz

Da kommt man außer Atem

Arbeitsform

Gesamtgruppe oder zwei Kleingruppen

Dauer

ca. 10 Min.

Material

ein oder zwei Tücher

Ablauf

Alle stehen in einer Reihe hintereinander und fassen sich fest um die Hüften. Am Schlangenende wird ein Tuch befestigt (leicht in die Hose stecken). Der Kopf der Schlange versucht, den Schwanz zu fangen, indem er das Tuch erwischt. Fällt die Schlange auseinander, muss sie sich wieder neu formieren (Kopf und Schlange so weit wie möglich auseinanderdehnen), und dann geht die Jagd weiter. Bei einer größeren Anzahl von Sp sind zwei Schlangen möglich. Beide Schlangen stehen sich dann mit den Köpfen gegenüber und versuchen, auf ein Kommando, den Schwanz der anderen Schlange zu fangen. Auch hier gilt: Fällt eine Schlange auseinander, gehen beide wieder auf die Ausgangsposition.

Mainstreet

Brüllen ist erlaubt

Arbeitsform

Gesamtgruppe

Dauer

ca. 10 Min.

Material

nicht notwendig

Ablauf

Es werden drei gleich große Gruppen gebildet, die sich in Reihen gegenüberstehen. Die beiden äußeren Gruppen sind Straßenpassanten. Die Passanten A versuchen, den Passanten B etwas über die Straße zuzurufen (einen einfachen Satz). Die mittlere Gruppe versucht, durch das Imitieren von Straßenlärm die Botschaftsübermittlung zu verhindern. Dann erfolgt Rollentausch.

Zeitungsschlacht

Bewegung ist angesagt

Arbeitsform

zwei Gruppen

Dauer

ca. 5 Min.

Material

Zeitungspapier

Ablauf

Es werden zwei gleich große Gruppen gebildet. Jeder Sp erhält ein Zeitungsknäuel. Der Raum wird in zwei Spielfelder aufgeteilt. Innerhalb von zwei Minuten müssen so viele Knäuel wie möglich im gegnerischen Feld liegen.

Es bedarf meist einiger Anläufe, bis nach dem Stoppzeichen auch tatsächlich keine Knäuel mehr geworfen werden und tatsächlich gezählt werden kann.

Ozeanwelle

Wer sitzen will, muss schnell sein

Arbeitsform

Stuhlkreis

Dauer

ca. 5 Min.

Material

nicht notwendig

Ablauf

Alle sitzen im Stuhlkreis, ein Stuhl ist frei. Ein Sp geht in die Mitte und versucht, sich auf den freien Stuhl zu setzen, während die Gruppe ständig einen Stuhl weiterrückt.
Die Person in der Mitte kann auch die Richtung der „Ozeanwelle" ändern: „Ozeanwelle links!" (alle setzen sich einen Platz nach links) oder „Ozeanwelle rechts!" (alle setzen sich einen Platz nach rechts).

Das Spiel bekommt manchmal eine starke Dynamik, achten Sie also darauf, dass sich die Kinder nicht gegenseitig wehtun.

Schreikreis

Mal ordentlich Luft ablassen

Arbeitsform

Kreis, max. 12 Sp

Dauer

ca. 5 Min.

Material

nicht notwendig

Ablauf

Alle stehen eng im Kreis, mit Blick auf den Boden. Der SpL zählt: „Eins, zwei ..." Bei „drei" schaut jeder **einer** Person in die Augen. Treffen sich zwei Augenpaare, dürfen die Betreffenden sich laut anschreien und verlassen dann den Kreis. Die anderen rüsten sich zur nächsten Runde.

Namenskreis(el)

Eine rasante Version von „Mein rechter Platz ist leer"

Arbeitsform

Stuhlkreis

Dauer

ca. 10 Min.

Material

nicht notwendig

Ablauf

Alle sitzen im Stuhlkreis, ein Sp steht in der Mitte. Ein Platz ist frei. Der Sp links von dem freien Platz beginnt, mit der Handfläche auf den Stuhl zu klopfen und einen Namen aus der Gruppe zu rufen. Die gerufene Person wechselt daraufhin den Platz. Schnell beginnt die Person links von dem nun frei gewordenen Platz, den nächsten Namen zu rufen. Die Person in der Mitte versucht, einen freien Platz zu erhaschen, bevor geklopft und ein Name gesagt wird. Wer nicht schnell genug einen Namen ruft und klopft, geht in die Mitte.

Das Spiel hört sich wesentlich leichter an, als es tatsächlich ist.

Spiele für draußen

Umzug, Neubau, Erdbeben

Ständig wechselnde Trios

Arbeitsform

offen

Dauer

ca. 10 Min.

Material

nicht notwendig

Ablauf

Es werden Dreiergruppen gebildet. Jeweils zwei Sp sind Wand und Dach eines Hauses, indem sie sich mit erhobenen Armen gegenüberstehen und die Handflächen aneinanderlegen. Die dritte Person ist der Bewohner und stellt sich in das Haus zwischen die Wände. Ein oder zwei Sp, die nicht Häuser nachahmen, geben folgende Kommandos:

Umzug: *Die Wände bleiben stehen, die Bewohner müssen sich ein neues Haus suchen.*

Neubau: *Die Bewohner bleiben stehen, die Wände trennen sich und suchen sich einen neuen Bewohner und eine neue Wand.*

Erdbeben: *Alle verlassen ihren Platz und bauen sich an anderer Stelle wieder in neuer Konstellation auf.*

Die Schüler, welche das Kommando geben, versuchen, während der Wechsel einen Platz als Bewohner oder Hauswand zu bekommen. Wer übrig bleibt, gibt das nächste Kommando.

Variante: *Die Schüler können auch einen Ort auf dem Gelände angeben, an welchem nach einem Erdbeben oder nach einem Neubau Häuser entstehen sollen.*

„Andocken"

Fangspiel I

Arbeitsform

Fangspiel

Dauer

ca. 10 Min.

Material

nicht notwendig

Ablauf

Die Gruppe findet sich immer paarweise zusammen. Alle Paare verteilen sich auf einem größeren Platz. Ein Paar spielt den Fänger und den Gejagten. Der Gejagte kann sich vor dem Fänger retten, indem er sich an ein anderes Paar „andockt" (danebenstellt). Die Person auf der anderen Seite muss sich sofort „abdocken" und wird nun zum Fänger. Der bisherige Fänger spielt nun den Gejagten.

Erklären Sie den Schülern, dass der Schwerpunkt des Spiels das „Andocken" ist, da man damit neue Spieler ins Spiel holt. Ansonsten stehen die Paare nur herum und langweilen sich schrecklich.

Namensfangen

Fangspiel II

Arbeitsform

Fangspiel

Dauer

ca. 10 Min.

Material

nicht notwendig

Ablauf

Der erste Fänger wird bestimmt und das Spielfeld abgegrenzt. Jeder Sp, der kurz davor steht, gefangen zu werden, kann sich retten, indem er den Namen eines Mitspielers ruft. Der Gerufene ist sofort der neue Fänger.

Autorennen

Reaktionsvermögen und Körperbeherrschung

Arbeitsform

Kleingruppen mit jeweils ca. vier Sp

Dauer

ca. 10 Min.

Material

nicht notwendig

Ablauf

Zunächst braucht es einen Freiwilligen (A). Der Rest der Gruppe findet sich zu mehreren gleich großen Gruppen zusammen.
A steht in einiger Entfernung mit dem Rücken zum Rest der Gruppe. Solange er den Kleingruppen den Rücken zukehrt, können sich diese in einer bestimmten Art auf ihn zubewegen. Dreht sich A um, müssen alle in ihrer Position verharren. Die Gruppe, in der sich jemand bewegt, geht zur Ausgangsposition zurück.
Welche Gruppe gelangt als Erste ans Ziel?
Fortbewegungsarten:

Über Land:
Jede Gruppe formiert sich zu einem Auto, wobei zwei Sp vorn und zwei dahinter stehen und alle miteinander verbunden sind.
Auf dem Wasser:
Wie oben; alle müssen jedoch ihre Arme nach außen halten und „rudern".

Hier bleibt es Ihrer oder der Fantasie der Sp überlassen, welche Fortbewegungsarten sie sich noch ausdenken.

Das Gelbe im Ei

Leise und vorsichtig sein

Arbeitsform

Kreis

Dauer

ca. 10 Min.

Material

evtl. Augenbinde

Ablauf

Alle stehen im Kreis und fassen sich an den Händen. Ein Freiwilliger geht in die Mitte und beginnt, blind loszulaufen. Der Kreis beschützt und begleitet ihn. Gelangt der Kreis an ein Hindernis, signalisieren das die jeweiligen Personen auf der Hindernisseite durch ein vorher verabredetes Zeichen, z. B. durch Summen. Fühlt sich die Person in der Mitte sicher, kann sie versuchen, jemanden aus dem Außenkreis zu fangen. Der Kreis darf nicht geöffnet werden. Die Person, die berührt wurde, geht als Nächstes in die Mitte.

Klammerhaschen

So viel geben oder nehmen wie möglich

Arbeitsform

jeder gegen jeden

Dauer

ca. 10 Min.

Material

Wäscheklammern

Ablauf

Alle erhalten die gleiche Anzahl an Klammern. Auf ein Kommando versucht jeder Sp, so viele Klammern wie möglich bei den anderen anzuklammern. Nach einer Weile erteilen Sie die Aufgabe, dass jeder so viele Klammern wie möglich sammeln soll.

Wer hat die meisten?

Zauberer, Riesen und Zwerge

Fangspiel III

Arbeitsform

zwei Gruppen

Dauer

ca. 10 Min.

Material

nicht notwendig

Ablauf

Das Spiel ähnelt dem alten Kinderspiel „Papier, Stein, Schere". Es gibt drei verschiedene Wesen,

- den kleinen Zwerg: gebückte Haltung, die Hände deuten eine Zipfelmütze an,
- den Zauberer: durchdringender Blick, beide Arme werden nach vorn gestreckt (Geste des Zauberns) und
- den großen und starken Riesen: auf Zehenspitzen stehen, die Arme nach oben gestreckt.

Es wird ein Feld abgesteckt und in der Mitte geteilt. Beide Gruppen stehen sich gegenüber. Vor Beginn jeder Spielrunde entscheidet sich jede Gruppe heimlich für ein Wesen. Auf ein Kommando wird dieses dargestellt. Das jeweils stärkere kann das andere jagen:

- Zwerg jagt Zauberer
- Zauberer jagt Riese
- Riese jagt Zwerg

Die Gejagten sind erlöst, wenn sie am Ende ihres Spielfeldes angelangt sind. Wer gefangen wurde, kommt mit in die andere Gruppe. Das Spiel ist spätestens dann zu Ende, wenn es nur noch eine Gruppe gibt.

Es ist sehr hilfreich, vor Beginn die Bedeutung der Wesen gründlich zu erläutern.

Idee von Jürgen Fritz: Mainzer Spielekartei

Ruhephase

Die Ruhephase

Ein fester Bestandteil der Unterrichtseinheiten ist die Ruhephase.
Sie wird eingeführt, um im sonst sehr stressigen Alltag der Schüler einen Ruhepunkt zu setzen.
Die Ruherituale ermöglichen den Schülern, dass sie sich entspannen und lösen können, was sich positiv auf ihre Konzentrationsfähigkeit und die Arbeit während der kommenden Unterrichtseinheit auswirkt.
Wichtig ist, mit den Schülern über den Sinn dieser Phase zu sprechen. Damit können Sie Vorbehalte und vor allem auftretende Unsicherheiten reduzieren. Vermitteln Sie, dass Ruhephasen nichts Besonderes oder Ungewöhnliches sind, dass man dazu keine herausragenden Fähigkeiten braucht, dass sie aber in bestimmten Situationen sehr nützlich sein können.
Die positiven Bestandteile der Ruhephase zeigen sich aber erst, nachdem sich dieses als Ritual etabliert hat. Die Mehrzahl genoss diese Zeit der Entspannung, und einige Schüler erzählten uns, dass sie sie zu Hause nun auch durchführen würden.
Im Laufe der Zeit werden auch Ihre Schüler die Entspannungsphase genießen und evtl. die Übungen zu Hause nachahmen. Einen möglichen Ablauf, der sich in unseren Unterrichtseinheiten bewährt hat, stellen wir nun kurz vor:
Da die meisten Schüler bisher keinen Kontakt mit Entspannungstechniken hatten, begannen wir zunächst mit „Momenten der Ruhe". Dafür stellten wir eine Kerze in den Stuhlkreis und legten ein paar Tücher mit beruhigenden Farben in die Mitte. Wir boten den Schülern an, eine halbe Minute zu schweigen, dabei die Augen zu schließen oder auf die Kerze oder die Farben zu schauen. Nach und nach war es möglich, den Zeitrahmen zu vergrößern.
Von allen Ruheritualen und Entspannungstechniken haben sich in unserer Arbeit die gegenseitige Massage mit den Igel-Bällen oder mit Hilfe von „Massagegeschichten" am besten bewährt.
Wir ließen die Schüler dafür selbstständig Paare bilden. Ein Schüler setzte sich hin oder legte sich auf einen Tisch, der andere massierte ihn mit einem Igel-Ball. Dazu ließen wir leise Entspannungsmusik laufen.
Nach ca. 5 min durfte sich der Massierte räkeln und strecken, sich bedanken und massierte nun seinerseits den Partner.
In unserem Anhang sind einige Literaturempfehlungen zu Entspannungsmethoden und -techniken angeführt. Sie sollen Ihnen die Suche nach einer für Ihre Gruppe oder Klasse gemäßen Form erleichtern.

Ein Beispiel für eine Massagegeschichte (s. S. 102)

A liegt entspannt auf dem Bauch oder sitzt rittlings auf einem Stuhl, B hat die Aufgabe, A zu massieren. Sie erleichtern den Schülern die Massage, wenn Sie, während Sie die Geschichte erzählen, beispielhaft ebenfalls jemanden massieren. Erinnern Sie alle B's noch einmal daran, dass sie dafür Sorge tragen, dass es den A's gut geht und sie sich wohlfühlen.

„Der leckere Kuchen"

Eines Tages entschloss ich mich, einen Kuchen zu backen. Dafür reinigte ich zunächst die Arbeitsplatte in der Küche.

- *der Rücken bzw. der ganze Körper wird mit den Handflächen „ausgestrichen"*

Ich nahm einen Schüssel und tat dort Mehl, Zucker und Backpulver hinein.

- *mit den Fingerkuppen über den Körper trommeln*

Dann vermischte ich alles gründlich

- *mit den Handflächen kreisende Bewegungen machen*

und schlug zuletzt zwei Eier hinein. Alles musste nun gut durchgeknetet werden.

- *B knetet A vorsichtig durch*

Nun war es so weit, ich konnte den Teig auf dem Blech ausrollen.

- *mit ein wenig Druck den Körper „ausstreichen"*

Als der Teig endlich auf dem Blech war, entschied ich mich, den Kuchen mit ein paar Rosinen und Nüssen zu verfeinern, drückte sie dafür in den Teig und klopfte sie ein wenig fest.

- *mit spitzen Fingern leichte Drehbewegungen machen*
- *mit hohlen Händen abklopfen*

Dann war es so weit, der Kuchen kam in den Umluftherd, in dem sich bald eine angenehme Wärme entfaltete und der Kuchen schön aufzugehen begann.

- *kreisende Bewegungen mit der ganzen Hand*

Als seine Oberfläche eine goldbraune Farbe hatte, holte ich das Blech aus dem Herd und stellte es zum Abkühlen auf den Tisch.

- *mit den Fingerkuppen Kreise beschreiben*

Kurz bevor die Gäste kamen, verzierte ich mein Werk mit etwas Puderzucker.

- *mit den Fingerkuppen trommeln*

Alle bestaunten den wunderschönen Kuchen, den ich gebacken hatte.

Auswertung
Wie war's?

Die Auswertung

An jede Arbeitsphase schließt sich eine Auswertungs- bzw. Feedback-Runde an.
Dazu kommen alle Schüler und der SpL im Stuhlkreis zusammen. Es geht zunächst darum, die Inhalte der Arbeitsphase auf ihre Relevanz für den Alltag zu prüfen. Es bietet sich an, den Schülern dafür einige (provozierende) Fragen zu stellen und die anlaufende Diskussion zu moderieren. Die Schüler können an dieser Stelle auch eigene Erfahrungen mit der Thematik äußern. Wurde in der Arbeitsphase in Kleingruppen gearbeitet, besteht die Möglichkeit, Rückmeldungen zur Zusammenarbeit zu geben. Hierfür schien uns die Beurteilung durch Fingerzeichen gut geeignet. D. h. alle Schüler einer Kleingruppe überlegen erst einmal still für sich und zeigen dann gleichzeitig mit ihren Fingern ihre Einschätzung an. Wenn ein Schüler beispielsweise der Meinung ist, die Gruppe hat sehr gut miteinander gearbeitet, zeigt sie fünf Finger. Fand ihrer Meinung nach keine Gruppenarbeit statt, zeigt sie keine Finger[4]. Mögliche Meinungsunterschiede können bei Bedarf geklärt werden. Meist geben sich die Schüler an dieser Stelle ein sehr differenziertes Feedback. Diese Rückmeldungen sind für die Betreffenden sehr wichtig und können für die weitere Gruppenarbeit genutzt werden. Erinnern Sie die Schüler immer wieder an die Feedback-Regeln, die bereits in der ersten Stunde eingeführt wurden.
Die wichtigsten Regeln sind:

- In der Ich-Form reden und nicht „man" oder „wir" sagen.
- Sich auf Konkretes beziehen und nicht verallgemeinern (nicht: „Immer machst du ...").
- Das Verhalten/die Situation beschreiben und nicht bewerten oder den anderen verletzen.
- Neben der Kritik nicht die positiven Seiten am anderen vergessen.

Die wichtigsten Regeln für den Schüler, der ein Feedback bekommt:

- Den anderen erst einmal ausreden lassen.
- Sich nicht verteidigen.
- Nachfragen, wenn man etwas nicht verstanden hat.
- Sich für das Feedback bedanken.

Um die Auswertungsrunde abzuschließen, haben wir am Ende drei Symbole in Form von Smileys (☺ 😐 ☹) herumgegeben. Jeder Schüler konnte sich mithilfe dieser Symbole dazu äußern, wie er sich in der Stunde gefühlt hat und wie er sich bezüglich der Einhaltung der Klassenregeln selbst einschätzt. Es ist auch möglich, die Symbole im Raum verteilt auf die Erde zu legen und die Schüler zu bitten, sich zum entsprechenden Smiley zuzuordnen. Fragen Sie dann, welcher Schüler etwas zur eigenen Position sagen möchte.
Sie sollten sich unbedingt an dieser Abschlussrunde beteiligen und sie nutzen, um vor allem positive Rückmeldungen zu geben, aber auch Kritik zu üben. Für einige Schüler ist ein Lob (z. B. für engagierte Gruppenarbeit) besonders wichtig und kann in der Zukunft sehr motivierend wirken.

4 Idee nach: Gilsdorf, Rüdiger; Kistner Günter: Kooperative Abenteuerspiele 1: eine Praxishilfe für Schule, Jugendarbeit und Erwachsenenbildung. Seelze/Velber 1996.

Nachwort

Zum Begriff „Soziales Lernen"

Was heute Sozialkompetenz genannt und als wichtige Schlüsselqualifikation angesehen wird, wird schon länger als „Soziales Lernen" apostrophiert. „Der Begriff stammt aus der Diskussion um die ‚kompensatorische Erziehung' und meint dort eine Alternative zu einseitigem und isoliertem kognitivem Funktionstraining, nämlich die Förderung von *Handlungskompetenz* und *sozialem Problembewusstsein.*"[5] Während Sozialkompetenz eindeutig das Ziel bzw. die Fähigkeit, die der Einzelne hat oder haben sollte, benennt, weist Soziales Lernen den Weg zu diesem Ziel. Zu Recht wirft C. W. Müller kritisch ein, dass der Begriff Soziales Lernen in der Fachliteratur nicht eindeutig verwendet wird.[6] Im Zentrum Sozialen Lernens steht heute der Begriff der Sozialen Kompetenz.
Aber Begriffe sind auch historisch determiniert und gesellschaftlichen Veränderungen unterworfen. Demzufolge lohnt es sich bzw. ist es unerlässlich, genau hinzusehen, was die Begriffe jeweils meinen, d. h., für welche Gesellschaft wollen wir welche (sozialen) Kompetenzen fordern und fördern, was braucht „unsere" Gesellschaft? Ich muss also ältere klassische Ansätze im Spiegel heutiger aktueller Anforderungen kritisch analysieren und auf ihre Relevanz prüfen. Nicht umsonst fordert Hans Thiersch für die Soziale Arbeit einen alltags- und lebensweltorientierten Ansatz.[7] Lebenswelt hat sich verändert und verändert sich permanent. Wie sieht die Lebenswelt, der Alltag aus, über welche sozialen Kompetenzen müssen die Individuen verfügen, um erfolgreich in der heutigen Gesellschaft partizipieren zu können?

Wir wollen deshalb im Folgenden einige klassische soziologische Ansätze aufgreifen und mit heutigen gesellschaftlichen Bedingungen konfrontieren, um daraus entsprechende Konsequenzen zu entwickeln und darzustellen.

Wir müssen also einen Exkurs in die Soziologie vornehmen, deren fester Bestandteil Rollentheorien sind und damit der soziale Rollenbegriff. Unter sozialer Rolle wird in der Soziologie allgemein ein Bündel von Erwartungen an Verhalten und Eigenschaften des Inhabers einer sozialen Position in einem Handlungssystem verstanden (z. B. Mutter/Vater, Lehrer, Schüler). Diese Erwartungen werden von der Gesellschaft und insbesondere von sozialen (Bezugs-)Gruppen aufgestellt; ihre Einhaltung wird positiv (durch Geschenke, Anerkennung, Beförderung, Zuwendung) wie negativ (Nichtbeachtung, Umsetzung, Spott …) sanktioniert.[8] Die zentrale Frage der Rollentheorie ist: Wie funktioniert Gesellschaft?
Die Auseinandersetzung um die Rollentheorie und den Rollenbegriff ging von Amerika in den 50er-Jahren des letzten Jahrhunderts aus. Die traditionelle Rollentheorie Talcott Parsons (auch als strukturell-funktionale Schule oder als das normativistische Modell des Handelns[9] bezeichnet) wollte die Rechte und Pflichten einer sozialen Rolle möglichst klar, eindeutig und lückenlos definieren, um die Individuen möglichst konfliktfrei in das soziale System zu integrieren. Die Interpretationen einer Rolle und damit verbunden die notwendigen individuellen Ich-Leis-

5 Vgl. Iben, Gerd: Sozialerziehung – Soziales Lernen. In: Christoph Wulf (Hg.): Wörterbuch der Erziehung. München, 7. Aufl. 1989, S. 538–540.
6 Vgl. Müller, C. Wolfgang: Soziales Lernen. In: Dieter Kreft/Ingrid Mielenz (Hg.): Wörterbuch Soziale Arbeit. Weinheim und Basel, 4. vollst. überarb. u. erw. Auflage 1996, S. 530.
7 Vgl. Thiersch, Hans: Lebensweltorientierte Soziale Arbeit. Aufgaben zur Praxis im sozialen Wandel. Weinheim/München 1992.
8 Vgl. Krappmann, Lothar: Rolle. In: Dieter Lenzen (Hg.): Pädagogische Grundbegriffe Bd. 2, Stuttgart 1989, S. 1314.
9 Vgl. Schneider, Wolfgang Ludwig: Grundlagen der soziologischen Theorie. Weber – Parsons – Mead – Schütz, Bd. 1, Wiesbaden 2002, S. 83.

tungen sollten weitestgehend vermieden werden, um so Widersprüche und Konflikte zu vermeiden.

Während also in der klassischen Rollentheorie die Menschen den Rollenerwartungen der Gesellschaft ausgeliefert sind, stellt der Symbolische Interaktionismus im Anschluss an *Mead* (1934) die Eigenaktivität des Einzelnen beim Aufbau von Rollen im zwischenmenschlichen Austausch, in der Interaktion, in den Vordergrund. Wichtig sind dabei die Begriffe der Geste und des Symbols[10] wie der Begriff des Selbsts (manchmal auch als Identität bezeichnet bzw. übersetzt; Mead spricht von ‚Self'). Nach Mead konstituiert sich dieses Selbst „aus zwei ständig miteinander verschränkten und sich wechselseitig weitertreibenden Momenten, dem ‚I' und dem ‚Me'"[11]. Das „I" (Ich) als die individuelle Antwort auf die Erwartungen der anderen, das „Me" (Mich) als die von den anderen übernommenen Einstellungen.[12] Es ließe sich dabei auch von persönlicher und sozialer Identität sprechen.
Soziales Verhalten und die Ausbildung von Selbstbewusstsein als eines Sich-selbst-gewahr-Werdens bestehen aufgrund der Reaktionen der anderen vor allem in antizipierender Rollenübernahme[13]. Das Individuum muss in der Interaktion mit anderen ständig die Situation interpretieren und Verhaltensweisen antizipieren; dazu braucht es maßgeblich die von Goffman so bezeichnete „Rollendistanz".[14]
In Anknüpfung an Mead und Goffman geht die revidierte oder auch interaktionistische Rollentheorie, die von Krappmann und Habermas in den 70er-Jahren entwickelt wurde, davon aus, dass die gesellschaftlichen Spielregeln, die Normen und Erwartungen von Individuen oder von Gruppen, nicht unreflektiert übernommen, sondern interpretiert und eventuell mitgestaltet werden können. Rollen müssen also, anders als bei Parsons, immer wieder neu interpretiert und in Interaktionszusammenhängen neu ausformuliert werden. Dies erfordert von dem Individuum neben der bereits erwähnten Rollendistanz nach Krappmann auch die Fähigkeit einer „balancierenden Identität".[15]
Danach braucht es vier Grundqualifikationen des Rollenhandelns, soll das Aufrechterhalten solcher Identität gelingen[16]: *Rollendistanz* (die Fähigkeit, einmal übernommene Normen wieder in Frage stellen zu können, wenn die Situation es erfordert), *Ambiguitätstoleranz* (die Fähigkeit, divergierende Erwartungen und Bedürfnisse zu tolerieren und auch dann eine Beziehung zum Partner einzugehen, wenn abzusehen ist, dass die eigenen Bedürfnisse nur in geringem Maße befriedigt werden können), *Empathie* (die Fähigkeit, die Erwartungen anderer zu antizipieren bzw. sich in diese einzufühlen und auf sie einzugehen), *Identitätsdarstellung* („die Fähigkeit, die kognitiven Dispositionen nach den vorhandenen ersten drei Qualifikationen in Interaktionen tatsächlich zum Ausdruck zu bringen"[17]).

Die in der revidierten Rollentheorie geforderten Grundqualifikationen des Rollenhandelns gehören sicher noch immer zu den sozialen Kompetenzen, jedoch müssen diese erweitert werden, wie auch die Identitätsforschung auf die veränderten gesellschaftlichen Bedingungen reagierte. Denn Identität war immer auch ein zentraler Faktor im Konzept des Rollenhandelns, ob nun eher, wie bei Mead, in persönliche und soziale Identität unterteilt, ob eher psychoanalytisch als Ich-Identität von Erikson formuliert oder als balancierende Identität bei Krappmann

10 Vgl. ausführlich dazu Brumlik, Micha: Interaktionismus, Symbolischer. In: Dieter Lenzen (Hg.): Pädagogische Grundbegriffe, Bd. 1. Reinbek bei Hamburg 1989, S. 767 ff.; Schneider: Grundlagen der soziologischen Theorie (s. Fußnote 9), S. 180 ff.
11 Brumlik, Micha: Der Symbolische Interaktionismus, Frankfurt a. M. 1973, S. 27.
12 Vgl. Krappmann, Lothar: Soziologische Dimensionen der Identität. Strukturelle Bedingungen für die Teilnahme an Interaktionsprozessen. Stuttgart 1972, S. 39.
13 Vgl. Brumlik: Interaktionismus, Symbolischer (vgl. Fußnote 10), S. 767.
14 Vgl. Goffman, Erving: Interaktion: Spaß am Spiel. Rollendistanz. München 1973.
15 Krappmann: Soziologische Dimensionen (vgl. Fußnote 12), S. 133.
16 Vgl. ebd, S. 132 ff.
17 Brumlik: Interaktionismus, Symbolischer (vgl. Fußnote 10), S. 769.

beschrieben; d. h., diese rollentheoretischen Konzepte, die jeweils auch identitätstheoretische Ansätze implizieren, müssen nun kritisch auf ihre Relevanz für die heutige gesellschaftliche, politische Situation hinterfragt werden, um daraus die Konsequenzen für die sozialen Kompetenzen zu ziehen und methodische Hinweise vornehmen zu können.

Im Folgenden wollen wir zehn Aspekte[18] der gesellschaftlichen Veränderungen der Postmoderne in Erinnerung rufen und beziehen uns dabei auf die Zusammenfassung von Keupp u. a., die umfassende Forschungen zur Frage der Identitätsbildung unter heutigen Bedingungen durchführten und die von folgenden „Umbruchserfahrungen in spätmodernen Gesellschaften" sprechen:

„1. Subjekte fühlen sich ‚entbettet'.
2. Entgrenzung individueller und kollektiver Lebensmuster.
3. Erwerbsarbeit wird als Basis von Identität brüchig.
4. ‚Multiphrene Situation' wird zur Normalerfahrung.
5. ‚Virtuelle Welten' als neue Realitäten.
6. Zeitgefühl erfährt ‚Gegenwartsschrumpfung'.
7. Pluralisierung von Lebensformen.
8. Dramatische Veränderung der Geschlechterrollen.
9. Individualisierung verändert das Verhältnis vom Einzelnen zur Gemeinschaft.
10. Individualisierte Formen der Sinnsuche."

Was heißt das nun für unsere Fragestellung nach den sozialen Kompetenzen? Welcher Fähigkeiten[20] oder (sozialer) Kompetenzen bedarf es also, damit es zu einer gelingenden Identitätsbildung kommen kann bzw. zu einer Entwicklung von „Lebenskunst"?

Aus den einzelnen Aspekten lassen sich Anforderungen ableiten, die an die Individuen gestellt werden: nach selbstbestimmter Lebensführung, hoher Flexibilität und Mobilität, sozialer Anerkennung jenseits beruflicher Einbindung, Integration fragmentierter Erfahrungen; es „sind hohe psychische Spaltungskompetenzen gefordert, um nicht verrückt zu werden"[21]. Bezogen auf die mediale Durchdringung der Gesellschaft, braucht es die Fähigkeit des Umgehens mit vielen Wirklichkeiten, die gesellschaftliche Veränderung zwingt zu lebenslangem Lernen; die Pluralisierung von Lebensformen und Milieus erfordert vom Einzelnen Entscheidungsfähigkeit, auch auf die Geschlechterrollen bezogen, sind starre Normen und Muster entfallen und fordern zu individueller Positionierung; insgesamt verlieren die traditionellen Instanzen der Sinnvermittlung an Bedeutung, sodass Keupp u. a. vom „individualisierten Sinn-Bastler"[22] sprechen.
Für die Frage der Identitätsbildung bedeutet das, Identitätsbildung oder Identitätskonstruktion als einen lebenslangen Prozess zu verstehen[23], dessen allgemeinstes Ziel es ist, „ein Passungsverhältnis zwischen Innen- und Außenwelt herzustellen"[24]. Von „gelungener Identität" spre-

18 Vgl. intensivere Auseinandersetzung bei Ulrich Beck, angefangen von der „Risikogesellschaft" (Frankfurt a. M. 1986) bis zur aktuellen Analyse in „Macht und Gegenmacht im globalen Zeitalter" (Frankfurt a.M. 2002); auch Richard Sennett: „Der flexible Mensch", Berlin 1998, wo er auf die gesellschaftlichen Folgen einer globalen Ökonomie eingeht.

19 Heiner Keupp u. a.: Identitätskonstruktionen. Das Patchwork der Identitäten in der Spätmoderne. Reinbek b. Hamburg 1999, S. 46; dort auch ausführliche Literaturhinweise zu gesellschaftlichen Veränderungen.

20 Wichtig bei aller Diskussion um soziale Kompetenzen ist aber auch die Berücksichtigung der Frage von Ressourcen; und zwar auch materieller Ressourcen. Zu Recht weisen Keupp u. a. auf die Ungleichheit in den Chancen hin, die zu gesellschaftlicher Spaltung führen: „Die soziale Frage ist mit der Individualisierung selbst individualisiert worden, sie stellt sich den Subjekten [...] als individuelles Problem, für das individuelle Lösungen gefunden werden müssen" (ebd. S. 277). Diese Lösungen sind allerdings ohne ausreichende materielle Absicherung nicht möglich, und so weisen die Autoren darauf hin, dass die intensive Suche nach zukunftsfähigen Modellen materieller Grundsicherung von höchster Priorität ist (a. a. O.).

21 Ebd. S. 48.

22 Ebd. S. 52.

23 Vgl. ebd. S. 83.

24 Ebd. S. 86.

chen Keupp u. a. dann, wenn sie dem Subjekt das ihm eigene Maß an Kohärenz, Authentizität, Anerkennung und Handlungsfähigkeit ermöglicht, wobei sie darauf hinweisen, dass dieser Zustand sehr selten spannungsfrei ist.[25]

Der Philosoph Wilhelm Schmid spricht eher von der Entwicklung von Lebenskunst. Dabei heißt Lebenskunst zunächst einmal, die aktive „Gestaltung des Lebens und des Selbst"[26], bzw. schon „die Ernsthaftigkeit des Versuchs, sich das Leben beizeiten selbst anzueignen"[27]. Das ist nicht „leicht", sondern Lebenskunst ist „die Arbeit an der eigenen Autonomie"[28]. Für ihn gehört zu den Bedingungen moderner Freiheit „vor allem die Notwendigkeit der Selbstsorge und Selbstverantwortung des jeweiligen Individuums"[29]. Dazu muss das Individuum eine Beziehung zu sich selbst gewinnen, an sich selbst arbeiten. „Es entscheidet selbst darüber, was von all dem, was es sich durch Einübung erarbeitet hat, sein ‚Inneres', seinen Kern bilden, was an der Peripherie bleiben soll und was nicht."[30]

Das Konzept der Lebenskunst setzt am Eigeninteresse des Individuums an. Wichtig ist es nach Schmid, Selbstliebe und Selbstfreundschaft zu entwickeln, damit diese Ressource auch in schwierigen Zeiten aktiviert werden kann, „denn wie soll das Selbst mit Anderen zurechtkommen, wenn es mit sich selbst nicht zurechtkommt? Lebenskunst zielt darauf, über die Stärkung des Selbst letztlich auch starke Beziehungen zu Anderen zu begründen".[31] Wichtig ist auch der Andere; ihm kommen grundsätzlich in demselben Maße Aufmerksamkeit und Sorge zu, „wie das Selbst die Sorge Anderer für sich in Anspruch nimmt und der Vermittlung Anderer bedarf, um zu sich selbst zu kommen"[32].

Die oben genannten Grundqualifikationen von Habermas und Krappmann bleiben weiterhin von zentraler Bedeutung. Gerade bei der heutigen Vieldeutigkeit und Offenheit ist die Ambiguitätstoleranz notwendig, ebenso Empathie und Eigendarstellung sowie die Fähigkeit zur Rollendistanz, das Nichtfesthalten an einer Rolle. Dazu erfordert es gleichzeitig auch Frustrationstoleranz und vor allem Flexibilität und Kreativität, um eine hohe Vielfalt und Optionalität zu ermöglichen.

Die Individuen brauchen Fähigkeiten zum Aushandeln und einen geschärften Möglichkeitssinn, sie müssen „in den verschiedenen Bezügen und Situationen die Regeln, Normen, Ziele und Wege beständig neu aushandeln können und wollen. Dazu gehören viel Sensibilität, Selbstreflexion und Solidarität, dazu gehören Konfliktfähigkeit und Standfestigkeit ebenso wie die Fähigkeit, sich einzuordnen"[33]. Neben der Ausbildung des Selbst braucht es also ebenso die Besinnung auf den anderen, die Kooperations- und Teamfähigkeit. Das Individuum muss in der Lage sein, sich selbst wie den anderen und die situative Bedingung intensiv wahrzunehmen (Fähigkeit der Selbst- und Fremdwahrnehmung).

Ganz sicher fehlen in unserer Zusammenstellung noch Fähigkeiten bzw. werden ganz sicher wieder neu erforderlich; wichtig aber ist die Frage nach dem „Wie?". Wie und wo und von wem

25 Vgl. ebd. S. 274.

26 Schmid, Wilhelm: Über den Versuch zur Neubegründung einer Philosophie der Lebenskunst nach Foucault. In: Bundesvereinigung Kulturelle Jugendbildung e.V. (Hg.): Lernziel Lebenskunst. Konzepte und Perspektiven, Remscheid 1999, S. 16; ausf. siehe Schmid, Wilhelm: Philosophie der Lebenskunst. Eine Grundlegung. Frankfurt a. M. 2000; und Schmid, Wilhelm: Schönes Leben? Einführung in die Lebenskunst, Frankfurt a. M. 2000.

27 Schmid, Wilhelm: Eine reflektierte Kunst des Lebens – Lebenskunst nach der Postmoderne. In: Korrespondenzen. Zeitschrift für Theaterpädagogik, Heft 37, 16. Jg., 2000, S. 18.

28 Schmid: Schönes Leben? (s. Fußnote 26), S. 7.

29 Schmid: Eine reflektierte Kunst des Lebens (s. Fußnote 27), S. 17.

30 Ebd. S. 20.

31 A. a. O.

32 Schmid, Philosophie der Lebenskunst (s. Fußnote 26), S. 248.

33 Keupp: Identitätskonstruktionen (s. Fußnote 19), S 279.

sollen alle diese Kompetenzen und Fähigkeiten vermittelt werden? Ein großer Teil ist Aufgabe der Sozialisationsinstanzen, die jedoch auch dem gesellschaftlichen Wandel und seinen Konsequenzen unterliegen. Bekanntermaßen gibt es nicht mehr „die klassischen" Instanzen; Bedingungen von Familie, Kindergarten, Schule und Umfeld haben sich geändert, mit z. T. erheblichen Konsequenzen für die betroffenen Individuen. Es würde den Rahmen sprengen, hierauf einzugehen.
Einen wichtigen Beitrag zu unserer Problematik jedenfalls kann die kulturelle Bildung leisten, die durch ihre Ganzheitlichkeit die Person umfassend betrachtet und fördern kann. In dem vorliegenden Buch wurde mit spiel- und theaterpädagogischen Methoden gearbeitet, die als Teil kultureller Bildung verstanden werden können.

Auf die Bedeutung und den Bildungswert von Kinder- und Jugendkulturarbeit weist Hildegard Bockhorst hin. Sie benennt neun Aspekte; wir möchten hier nur fünf herausgreifen:

- „Die Kompetenz des Vertrauens in die eigenen Möglichkeiten
- Die Fähigkeit zur Toleranz und die Wertschätzung der Würde eines jeden Menschen [...]
- Die Kompetenz, mit allen Sinnen agieren zu können und mit Lust zu lernen
- Die Fähigkeit zu spielen, zu lachen, Spaß zu haben und Lebenslust zu tanken [...]
- Verbunden mit der Erfahrung von Spaß und Lust am Lernen, entwickelt sich die Lebenseinstellung, dass es lohnenswert ist, initiativ zu werden und sich zu engagieren"[34].

Schmid (s. o.) geht direkt auf Möglichkeiten und Chancen der Theaterpädagogik ein. „Das Subjekt der Lebenskunst bedarf der Übungen, die zu vollziehen, und der Techniken, die anzuwenden sind, um sich und sein Leben zu gestalten. [...] Übung aber ist das, was auch beim Theaterspiel eine zentrale Rolle einnimmt. Mit Übungen wirkt das Individuum auf sich selbst ein, gibt sich eine Form und transformiert sich. Das Resultat bleibt keineswegs auf das Spiel beschränkt, sondern trägt zur gesamten Gestaltung des Lebens eines Individuums bei."[35] Konsequent folgert er: „Die Theaterpädagogik kann das Modell einer Pädagogik der Lebenskunst sein, um Beziehungen zu Anderen einzuüben."[36]

Der Wert kultureller Bildung liegt in der Spezifik kulturellen Lernens – d. h. in der natürlichen Einheit von ästhetischem, sozialem und politischem Lernen und aktivem Gestalten. „Im Sinne gelingender Lebensführung und eines zufrieden gestalteten Lebens ermöglicht kulturelle Bildung die Lebenskunst jedes einzelnen Menschen und gewährleistet – als gesellschaftliche Perspektive – die Unterstützung eines aktiven und reflexiv handelnden Subjekts, welches sich nicht für sein Glück allein, sondern auch für den Anderen, die Gemeinschaft interessiert und befähigt ist, eine zukunftsfähige Gesellschaftsentwicklung mit zu gestalten."[37]

---

34 Bockhorst, Hildegard: Kulturelle Jugendbildung als Lebenskunst und gesellschaftliche Perspektive. In: Kulturelle Kinder- und Jugendbildung: Mit allen Sinnen in die Zukunft! Tätigkeitsbericht 2000 BKJ. Remscheid 2000, S. 107 ff.

35 Schmid: Eine reflektierte Kunst des Lebens (s. Fußnote 27), S. 19.

36 Ebd. S. 21.

37 Bockhorst: Kulturelle Jugendbildung (s. Fußnote 34), S. 111.

Literatur zum Nachwort

Beck, Ulrich: Risikogesellschaft. Auf dem Weg in eine andere Moderne. Frankfurt a. M. 1986.

Beck, Ulrich: Macht und Gegenmacht im globalen Zeitalter. Neue weltpolitische Ökonomie (Zweite Moderne). Frankfurt a. M. 2002.

Bockhorst, Hildegard: Kulturelle Jugendbildung als Lebenskunst und gesellschaftliche Perspektive. In: Kulturelle Kinder- und Jugendbildung: Mit allen Sinnen in die Zukunft! Tätigkeitsbericht 2000 BKJ. Remscheid 2000, S. 106–114.

Brumlik, Micha: Der Symbolische Interaktionismus. Frankfurt a. M. 1973.

Brumlik, Micha: Interaktionismus, Symbolischer. In: Dieter Lenzen (Hg.): Pädagogische Grundbegriffe, Bd. 1. Reinbek bei Hamburg 1989, S. 764–781. Bundesvereinigung Kulturelle Jugendbildung e.V. (Hg.): Lernziel Lebenskunst. Konzepte und Perspektiven. Remscheid 1999.

Goffman, Erving: Interaktion: Spaß am Spiel. Rollendistanz. München 1973.

Iben, Gerd: Sozialerziehung – Soziales Leben. In: Christoph Wulf (Hg.): Wörterbuch der Erziehung. München, 7. Aufl. 1989, S. 538–540.

Keupp, Heiner u. a.: Identitätskonstruktionen. Das Patchwork der Identitäten in der Spätmoderne. Reinbek b. Hamburg 1999.

Krappmann, Lothar: Soziologische Dimensionen der Identität. Strukturelle Bedingungen für die Teilnahme an Interaktionsprozessen. Stuttgart 1972.

Krappmann, Lothar: Rolle. In: Dieter Lenzen (Hg.): Pädagogische Grundbegriffe, Bd. 2. Stuttgart 1989, S. 1314–1319.

Kreft, Dieter/**Mielenz**, Ingrid (Hg.): Wörterbuch Soziale Arbeit. Weinheim und Basel, 4. vollständig überarb. u. erw. Aufl. 1996.

Lenzen, Dieter (Hg.): Pädagogische Grundbegriffe. Bd. 1 und 2. Reinbek bei Hamburg 1989.

Müller, C. Wolfgang: Soziales Lernen. In: Kreft, Dieter/Mielenz, Ingrid (Hg.): Wörterbuch Soziale Arbeit. Weinheim und Basel, 4. vollständig überarb. u. erw. Aufl. 1996, S. 530–532.

Schmid, Wilhelm: Über den Versuch zur Neubegründung einer Philosophie der Lebenskunst nach Foucault. In: Bundesvereinigung Kulturelle Jugendbildung e.V. (Hg.): Lernziel Lebenskunst. Konzepte und Perspektiven. Remscheid 1999, S. 15–28.

Schmid, Wilhelm: Philosophie der Lebenskunst. Eine Grundlegung. Frankfurt a. M. 2000.

Schmid, Wilhelm: Schönes Leben? Einführung in die Lebenskunst. Frankfurt a. M. 2000.

Schmid, Wilhelm: Eine reflektierte Kunst des Lebens – Lebenskunst nach der Postmoderne. In: Korrespondenzen. Zeitschrift für Theaterpädagogik, Heft 37, 16. Jg., 2000, S. 17–22.

Schneider, Wolfgang Ludwig: Grundlagen der soziologischen Theorie. Weber – Parsons – Mead – Schütz, Bd. 1. Wiesbaden 2002.

Sennett, Richard: Der flexible Mensch. Die Kultur des neuen Kapitalismus. Berlin 1998.

Thiersch, Hans: Lebensweltorientierte Soziale Arbeit. Aufgaben der Praxis im sozialen Wandel. Weinheim/München 1992.

Literaturverzeichnis verwendeter Literatur (im Praxisteil)

Akin, Terri u. a.: Gefühle spielen immer mit – Mit Emotionen klarkommen. Ein Übungsbuch. Mülheim an der Ruhr 2000.

Akin, Terri u. a.: Selbstvertrauen und soziale Kompetenz – Übungen, Aktivitäten und Spiele für Kids ab 10. Mülheim an der Ruhr 2000.

Baer, Ulrich u. a.: Sag beim Abschied ... – Spiele, Materialien und Methoden für Schlussphasen in der Gruppenarbeit. Seelze/Velber 1998.

Fritz, Jürgen: Mainzer Spielekartei. Mainz 1999.

Gilsdorf, Rüdiger; **Kistner**, Günter: Kooperative Abenteuerspiele 1: eine Praxishilfe für Schule, Jugendarbeit und Erwachsenenbildung. Seelze/Velber 1996.

Großmann, Christina: Projekt Soziales Lernen – ein Praxisbuch für den Schulalltag. Mülheim an der Ruhr 1996.

Hurrelmann, Klaus: Einführung in die Sozialisationstheorie: Über den Zusammenhang von Sozialstruktur und Persönlichkeit. 8. vollständig überarb. Aufl. Weinheim 2001.

Petermann, Franz et al.: Sozialtraining in der Schule. Materialien für die klinische Praxis. Weinheim, 2. überarb. Aufl. 1999.

Schilling, Dianne: Miteinander klarkommen – Toleranz, Respekt und Kooperation trainieren. Mülheim an der Ruhr 2000.

Thiesen, Peter: Drauflosspieltheater. Ein Spiel- und Ideenbuch für Kindergruppe, Schule und Familie. Mit über 350 Spielanregungen. Weinheim und Basel 2000.

Walker, Jamie: Gewaltfreier Umgang mit Konflikten in der Sekundarstufe I. Spiele und Übungen. Frankfurt a. M. 1995.

Weitere Literaturempfehlungen

... zur Aufteilung in Kleingruppen

Brinkhoff, Ralf; **Patz**, Detlev: Aufteilungsspiele. Köln 1998.

... für die geschlechtsspezifische Arbeit

Krabel, Jens: Müssen Jungen aggressiv sein? – Eine Praxismappe für die Arbeit mit Jungen. Mülheim an der Ruhr 1998.

Hoppe, Siegrid u. Hartmut: Klotzen Mädchen! – Spiele und Übungen für Selbstbewusstsein und Selbstbehauptung (Interaktionsspiele und Infos für Jugendliche). Mülheim an der Ruhr 1998.

... für Ruhe und Entspannung

Müller, Else: Auf der Silberlichtstraße des Mondes. Autogenes Training mit Märchen zum Entspannen. Frankfurt a. M. 2001.

Friebel, Volker; **Friedrich**, Sabine: Entspannung für Kinder. Übungen zur Konzentration und gegen Ängste (Mit Kindern leben). 4. Aufl., Hamburg 2001.

... für szenische Arbeit

Bany-Winters, Lisa: Theater – Spiel – Training für Kinder. Verlag an der Ruhr 2000.

Broich, Josef: Rollenspiel-Praxis. Köln 1999.

Grau, Michael; Wolfgang **Klingauf**: Theater-Werkstatt. Grundlagen, Übungen, Spiele. 2. Aufl. München 1998.

Jenisch, Jakob: Szenische Spielfindung. Gruppenspiele und Improvisation. Köln 1991.

Kraus, Hans-Georg: Wir machen Theater. 6 Zeit- und Streitstücke zu aktuellen Jugendthemen. Mülheim an der Ruhr 2002.

Neuber, Nils: Kreative Bewegungserziehung – Bewegungstheater. Aachen 2000.

Vlcek, Radim: Workshop Improvisationstheater. Übungs- und Spielesammlung für Theaterarbeit, Ausdrucksfindung und Gruppendynamik. Donauwörth 2000.

... für den Themenkomplex Umgang mit Konflikten

Faller, Kurt; **Kerntke**, Wilfried; **Wackmann**, Maria: Konflikte selber lösen. Mediation für Schule und Jugendarbeit. Mülheim an der Ruhr 1996. *(Den Schwerpunkt des Buches bildet ein Trainingsprogramm für Mediatoren.)*

Faller, Kurt: Mediation in der pädagogischen Arbeit. Ein Handbuch für Kindergarten, Schule und Jugendamt. Mülheim an der Ruhr 1998. *(beschäftigt sich umfassend mit dem Thema Mediation)*

Hagedorn, Ortrud: Konfliktlotsen. Lehrer und Schüler lernen die Vermittlung im Konflikt. Leipzig 1996.

Jefferys-Duden, Karin: Konfliktlösung und Streitschlichtung: das Sekundarstufen-Programm. Weinheim 2000.

Jefferys, Karin: Ein Streitschlichterprogramm für Schülerinnen und Schüler der Klassen 3 bis 6. Weinheim 1999.

Kaeding, Peer; **Richter**, Jens; **Siebel**, Anke u. a.: Peer: Mediation an Schulen verankern. Wie man Streitkultur an Schulen entwickelt (Schule leiten – managen – moderieren). Hamburg 2004.
(Das Buch erläutert die Grundgedanken von Mediation sowie die Voraussetzung, um Mediatoren an der Schule auszubilden, und enthält ein Trainingsprogramm für Mediatoren.)

Empfehlungen für Spielesammlungen im Internet

www.spieledatenbank.de
Spieledatenbank von Jan P. Pachelt

www.unterhaltungsspiele.com
Unterhaltungsspiele von Stefan Neubert

www.spielboerse.ch
Spielesammlung des Schweizer Vereins Spielbörse

www.spielekiste.de
Spielesammlung von Matthias Hänsel

www.grafikdruck.com/kjg/GAMES
Spieleverzeichnis der KJG Bildechingen

www.kjr-pi.de/spielekartei.htm
Spielekartei des Kreisjugendringes Pinneberg

www.teachsam.de
Spielesammlung von teachSam – Lehren & Lernen online

www.fundus-jugendarbeit.de
Spielesammlung der Kirchlichen Jugendarbeit Würzburg

www.felsenkirche-oberstein.de/spielekartei/
Spieledatei der ev. Kirchengemeinde Oberstein

www.praxis-jugendarbeit.de
Materialsammlung des CVJM Magstadt e.V.

www.spielefuerviele.de
Spielesammlung vom Kirchoff und Sven Oppermann

www.gew-sportkommission.de
Sammlung von Vertrauens- und Kooperationsspielen

www.abenteuerprojekt.de
Spielbörse für erlebnispädagogische Spielideen

www.interaktionsspiele.de
Spielesammlung der Erlebnispädagogik

www.levante.de/spielebox/
Spielideen von Birgit Ortlepp

Jederzeit optimal vorbereitet in den Unterricht?

»